LA PLAISIR AVANT TOUT

Pourquoi se priver ?

Media Partisans GmbH
Berliner Str. 89
14467 Potsdam Germany

ISBN: 978-3-9821688-8-3

Retrouvez-nous sur :
www.bonap.fr

Pour chaque recette,
scannez le QR Code et découvrez
les étapes en vidéo.

Vous en avez assez d'entendre parler de quinoa ? Les calories ne sont pas faites pour être comptées, mais avalées ? Pensez-vous que manger, c'est avant tout se faire plaisir ?

Voici donc votre nouveau livre préféré ! Ici, on ne lésine pas sur les moyens, la seule chose qui compte est l'explosion des papilles, sans limite et sans jugement. Ce n'est pas sans raison que des millions de personnes aiment nos vidéos de cuisine sur le web. Ceux qui nous suivent savent que l'émulsion gustative est toujours garantie en plus d'être notre priorité. Ce livre de recettes unique en son genre propose 80 recettes décomplexées qui convaincront même ceux qui n'aiment pas cuisiner ! Préparez-vous, des saveurs étonnantes et des idées ingénieuses arrivent dans votre assiette pour manger en s'amusant.

QU'EST-CE QU'ON MANGE ?

LE PLAISIR AVANT TOUT
POURQUOI SE PRIVER ?

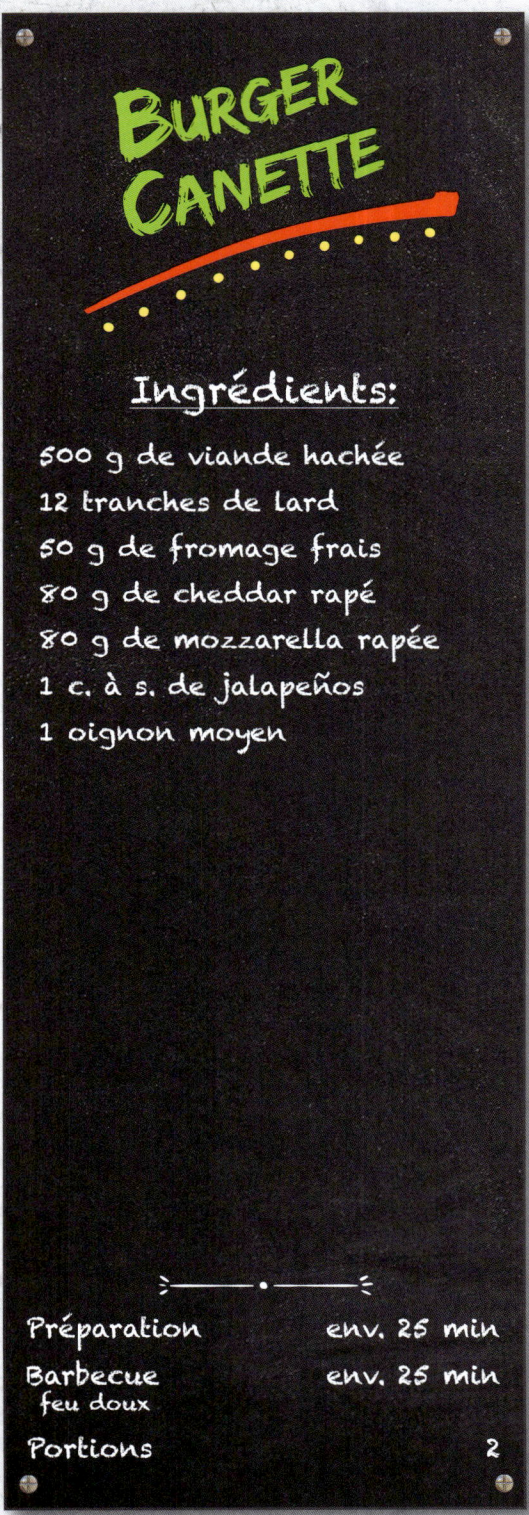

Burger Canette

Ingrédients:

500 g de viande hachée

12 tranches de lard

50 g de fromage frais

80 g de cheddar rapé

80 g de mozzarella rapée

1 c. à s. de jalapeños

1 oignon moyen

Préparation	env. 25 min
Barbecue feu doux	env. 25 min
Portions	2

Aux fourneaux !

1. Faites deux boules avec la viande hachée et enfoncez une canette dans chaque boule de viande pour former un puits. Autour de la viande, enroulez 4 tranches de lard. Retirez la canette délicatement.

2. Pour la garniture, mélangez le fromage frais, le cheddar, la mozzarella et les jalapeños dans un bol pour obtenir une crème épaisse. Garnissez le puits du burger avec votre mélange.

3. Coupez l'oignon en 4 gros anneaux que vous enroulez des tranches de lard restantes.

4. Posez le burger et les anneaux d'oignon-lard directement sur le barbecue chauffé à 160 °C. Laissez griller pendant 25 minutes. Avant de servir, empilez la viande et les anneaux d'oignons entre deux tranches de pain à burger.

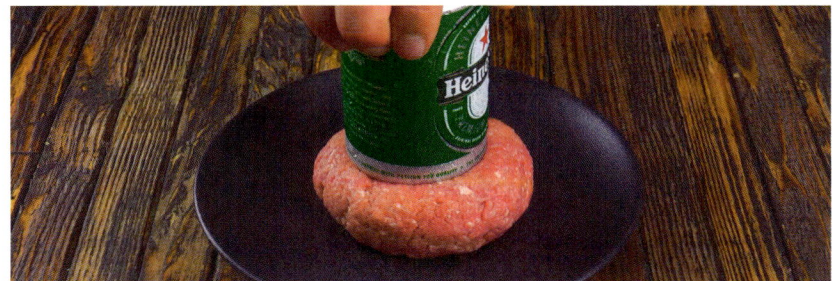

 La recette en vidéo: www.bonap.fr/burger-canette/

UNE PIZZA À LA PÂTE EN POMME DE TERRE

Ingrédients:

150 g de mozzarella

80 ml de sauce tomate

4 tranches de jambon cru

2 champignons frais
de taille moyenne

1 pomme de terre

1 œuf

2 c. à s. de parmesan râpé

1 c. à c. d'origan

1 c. à c. d'huile d'olive

Poivre fraîchement moulu

Préparation	env. 20 min
Cuisson	11 min
Portions	4

Aux fourneaux !

1. Lavez bien votre pomme de terre et coupez-la en tranches assez fines.

2. Dans une poêle avec un peu d'huile, déposez vos tranches de pomme de terre en partant des bords extérieurs de la poêle pour former un cercle.

3. Saupoudrez le tout de parmesan râpé et faites cuire à couvert pendant 5 minutes. Mettez le feu assez fort pour que les pommes de terre dorent et se tiennent bien, mais pas trop pour ne pas qu'elles brûlent.

4. Baissez le feu et ajoutez la sauce tomate (en l'étalant bien sur toutes les tranches de pommes de terre). Saupoudrez d'origan et déposez les champignons et la mozzarella tranchés tout autour de l'intérieur de la poêle.

5. Au milieu, cassez un œuf. Couvrez à nouveau votre poêle et laissez cuire 6 minutes à feu moyen.

6. Lorsque c'est cuit, retirez votre pizza de pomme de terre délicatement de la poêle en la faisant glisser et ajoutez sur le dessus les tranches de jambon cru. Saupoudrez de poivre du moulin selon vos goûts.

 La recette en vidéo: www.bonap.fr/pizza-pomme-de-terre/

SPIRALES DE LARD ET FROMAGE

Ingrédients:

1 pâte feuilletée

1 œuf

1 c. à c. de piment de Cayenne

8 tranches de lard

200 g de fromage râpé

Un peu de farine

1 c. à c. de romarin

50 g de cassonade

Préparation   env. 25 min

Cuisson au four   190 °C – 25 min

Portions   8

Aux fourneaux !

1. Déroulez la pâte feuilletée et badigeonnez-la d'œuf à l'aide d'un pinceau (ou à défaut d'un papier essuie-tout).

2. Saupoudrez de piment de Cayenne et de fromage râpé. Étalez un peu votre pâte à l'aide d'un rouleau à pâtisserie pour fixer le gruyère râpé.

3. Pliez la pâte en deux et faites des lamelles avec une roulette à pizza ou un couteau.

4. Tournez chaque lamelle sur elle-même, dans des directions opposées, pour avoir des spirales.

5. Enroulez maintenant les tranches de lard autour de chaque spirale.

6. Mélangez le sucre et le romarin dans un petit bol et saupoudrez les spirales avec.

7. Vous n'avez plus qu'à enfourner pendant 20 à 25 minutes à 190 °C.

 La recette en vidéo: www.bonap.fr/spirales-bacon-fromage/

PIZZA-DOG

Ingrédients:

1 pâte à pizza
(env. 35 cm de diamètre)

6 saucisses de Strasbourg

75 ml de sauce tomate

50 ml de crème liquide

50 g de mozzarella râpée

1 c. à s. de moutarde

1 c. à s. de cornichons
coupés en tranches

3 c. à s. d'oignons frits

1 œuf battu

Préparation   env. 30 min
Cuisson au four   180 °C - 20 min
Portions   6-8

Aux fourneaux !

1. Déposez 5 saucisses de Strasbourg tout autour des bords extérieurs de la pâte à pizza (en laissant environ 2 cm entre le bord et les saucisses). Faites une incision dans la pâte à chaque extrémité des saucisses puis enroulez la pâte autour de ces dernières.

2. Coupez ensuite chaque saucisse enveloppée en quatre portions égales.

3. Tournez les morceaux de saucisse enrobés de pâte à 90°. Ils doivent pointer vers le centre de la pizza.

4. Étalez la sauce tomate au centre de la pâte. Versez ensuite la crème liquide, la mozzarella et la moutarde dans une casserole et faites chauffer à feux doux jusqu'à obtenir une texture crémeuse. Déposez quelques cuillerées de cette mixture au-dessus de la sauce tomate.

5. Ajoutez des tranches de saucisses de Strasbourg, des cornichons et des oignons frits. Badigeonnez la pâte avec l'œuf puis enfournez le tout pendant 20 minutes à 180 °C.

La recette en vidéo: www.bonap.fr/pizza-dog/

13

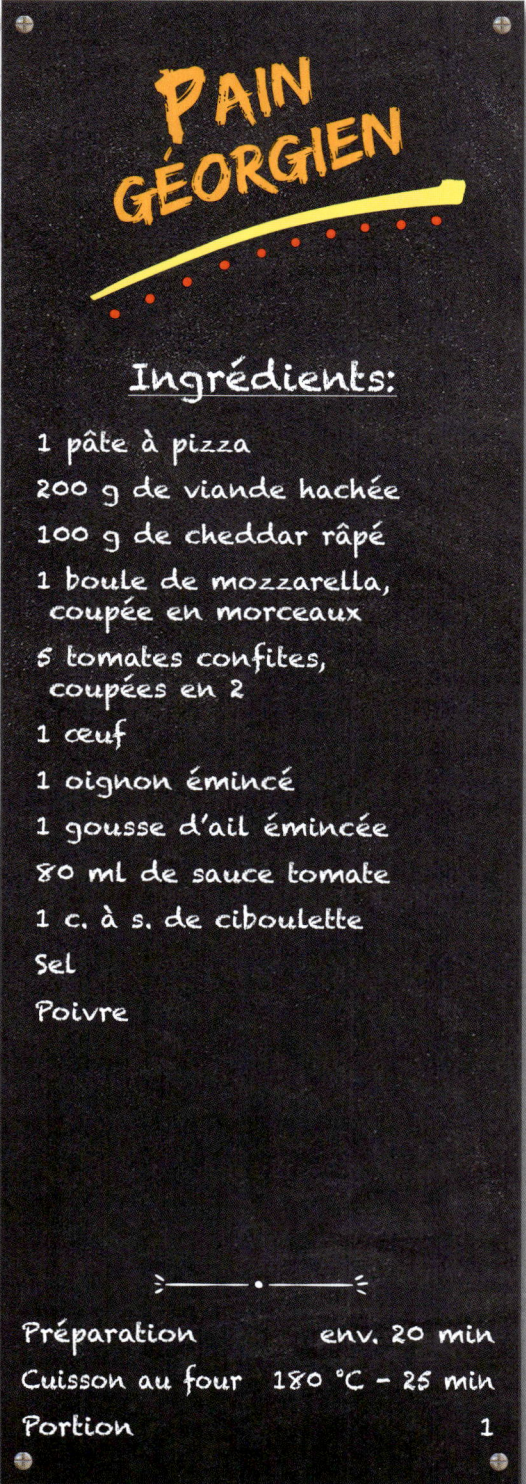

PAIN GÉORGIEN

Ingrédients:

1 pâte à pizza

200 g de viande hachée

100 g de cheddar râpé

1 boule de mozzarella, coupée en morceaux

5 tomates confites, coupées en 2

1 œuf

1 oignon émincé

1 gousse d'ail émincée

80 ml de sauce tomate

1 c. à s. de ciboulette

Sel

Poivre

Préparation	env. 20 min
Cuisson au four	180 °C - 25 min
Portion	1

Aux fourneaux !

1. Farinez le plan de travail et déposez la pâte à pizza dessus. Posez les morceaux de mozzarella sur les bords gauche et droit de la pâte, en laissant un espace vide en haut et en bas de la pâte. Déposez ensuite les morceaux de tomates séchées juste à côté de la mozzarella, côté intérieur de la pâte.

2. Enroulez délicatement la pâte à pizza sur les morceaux de mozzarella-tomates confites jusqu'à ce que les bords haut et bas se rejoignent pour que vous puissiez les relier ensemble. Le tout doit avoir une forme de barque.

3. Pour la garniture, mélangez la viande, l'oignon, l'ail, la sauce tomate, le sel et le poivre dans un bol et versez la mixture au milieu de la pâte à pizza.

4. Ajoutez le cheddar râpé par-dessus et cassez un œuf que vous déposez délicatement au centre.

5. Enfournez pendant 25 min à 180 °C. Après la cuisson, saupoudrez de ciboulette.

 La recette en vidéo: www.bonap.fr/pain-georgien/

BROCHETTES DE BŒUF À LA SAUCE ORIENTALE

Ingrédients:

POUR LES BOULETTES DE VIANDE

750 g de bœuf haché
1 c. à c. de sel
1/2 c. à c. de poivre
1 œuf
1 c. à c. de cumin
1 c. à c. de paprika

POUR LA SAUCE ORIENTALE

1 c. à s. d'huile d'olive
1 oignon émincé
1 gousse d'ail émincée
300 ml de tomates concassées
1/2 c. à c. de cumin
1 c. à c. de menthe fraîche hachée
1 c. à c. de persil frais haché
Sel
Poivre

1 pâte feuilletée rectangulaire
Brochettes

Préparation   env. 20 min
Cuisson au four   180 °C - 10 min
Portions   6

Aux fourneaux !

1. Dans un saladier, mélangez tous les ingrédients pour préparer les boulettes en écrasant légèrement à l'aide d'une fourchette.

2. Roulez de petits morceaux de viande entre vos mains de façon à former des boulettes. Les portions permettent de préparer entre 20 et 24 boulettes.

3. Étalez la pâte feuilletée et coupez 6 bandes à l'horizontale à l'aide d'une roulette à pizza.

4. Sur une brochette, percez le haut d'une bande de pâte feuilletée, puis insérez une boulette à côté en la perçant en son centre. Percez à nouveau la bande de pâte feuilletée et continuez ainsi de suite jusqu'à la fin de la brochette : pâte - boulette - pâte - boulette. À la fin, la pâte doit former une sorte de serpentin entre 4 boulettes.

5. Placez vos brochettes sur une plaque allant au four recouverte de papier cuisson et enfournez pour 10 min à 180 °C.

6. Pour la sauce orientale, faites chauffer un peu d'huile d'olive dans une casserole et faites revenir l'oignon et l'ail. Lorsqu'ils ont cuit, ajoutez les tomates concassées, les épices et terminez par les aromates.

 La recette en vidéo: www.bonap.fr/brochettes-orientales/

CŒUR FONDANT BIÈRE ET FROMAGE

Ingrédients:

POUR LA PÂTE

400 g de farine

15 g de levure de boulanger

4 c. à s. d'huile végétale

2 c. à c. de sel

250 ml d'eau

100 g de cheddar en cubes

POUR LA SAUCE

200 g de fromage frais

280 g de cheddar râpé

100 g de mozzarella râpée

20 g de ciboulette émincée

1 gousse d'ail émincée

100 ml de bière

1 jaune d'œuf

Préparation   env. 1 h 30

Cuisson au four   180 °C - 30 min

Portions   12

Aux fourneaux !

1. À part le cheddar en cube, mélangez l'ensemble des ingrédients pour la pâte dans un saladier et laissez reposer pendant 1 heure à température ambiante. Formez ensuite 12 boules de pâte dans lesquelles vous fourrez un cube de cheddar.

2. Positionnez les boules autour des bords d'un plat allant au four, de façon à former un cercle.

3. Dans un saladier, mélangez les ingrédients pour la sauce puis versez-la au milieu des boules de pâtes.

4. Étalez le jaune d'œuf sur les boules de pâte et saupoudrez le milieu crémeux de cheddar râpé.

5. Enfournez pendant 30 minutes à 180 °C.

La recette en vidéo: www.bonap.fr/coeur-biere-fromage/

POMME DE TERRE STROGANOFF

Ingrédients:

1 grosse pomme de terre

De l'huile végétale

120 g de bœuf en morceaux

1 oignon émincé

1 gousse d'ail émincée

150 ml de bouillon
  de légumes

6 tomates cerise coupées en 2

70 g de crème fraîche

2 c. à s. de concentré
  de tomate

1 c. à c. de moutarde

50 g de fromage râpé

Des chips de pommes
  de terre émiettées

Sel

Poivre

Préparation   env. 30 min

Cuisson au four   200 °C - 10 min

Portions   1

Aux fourneaux !

1. Rincez la pomme de terre, enveloppez-la dans une feuille d'aluminium et enfournez à 180 °C pendant 60 minutes. Chauffez un peu d'huile végétale dans une poêle et faites-y revenir le bœuf jusqu'à ce qu'il soit presque cuit. Ajoutez les oignons et l'ail.

2. Versez le bouillon de légumes et ajoutez les tomates cerise, la crème fraîche, le concentré de tomate et la moutarde. Mélangez bien. Salez, poivrez, et laissez mijoter pendant 10 minutes.

3. Une fois la pomme de terre cuite (n'éteignez pas le four), découpez le dessus et creusez avec une cuillère, afin de faire de la place pour le bœuf.

4. Saupoudrez de fromage râpé et de chips de pommes de terre. Enfin, enfournez 10 minutes à 200 °C.

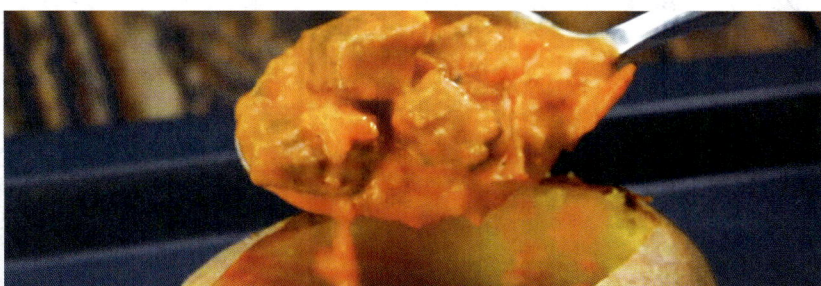

 La recette en vidéo: www.bonap.fr/patates-strogonoff/

PIZZA PÂTE DE BŒUF

Ingrédients:

300 g de bœuf haché

150 g de mozzarella, râpée

100 g de sauce tomate

30 g de flocons d'avoine

1 œuf

6 tomates cerises en tranches

4 champignons, coupés en tranches

1 oignon rouge, émincé

1 gousse d'ail, émincée

1 c. à c. d'origan

1/2 c. à c. de piment de Cayenne

Feuilles de basilic frais

Sel

Préparation	env. 25 min
Cuisson au four	190 °C - 25 min + 10 min
Portionen	4-6

Aux fourneaux !

1. Pour votre « pâte à pizza » : mettez la viande hachée, l'œuf, les flocons d'avoine, l'oignon rouge, l'ail, le sel et le piment de Cayenne dans un saladier puis malaxez le tout pour bien mélanger les ingrédients. Pressez ensuite la mixture de viande au fond d'un moule à charnière et enfournez pendant 20 minutes à 190 °C.

2. Ensuite, étalez la sauce tomate sur l'ensemble de la pâte de bœuf, saupoudrez d'origan et placez vos tranches de champignons. Ajoutez ensuite la mozzarella râpée puis les tomates cerises.

3. Enfournez le tout pendant 10 minutes à 190 °C. Saupoudrez de basilic frais et servez !

 La recette en vidéo: www.bonap.fr/pizza-pate-de-boeuf/

PAIN SURPRISE AU CAMEMBERT

Ingrédients:

- 1 pâte feuilletée
- 1 camembert
- 75 g de lardons
- 60 g d'oignon ciselé
- 1 pomme de terre cuite, en tranches
- 1 jaune d'œuf
- 1 pincée de graines de pavot
- De l'huile

Préparation	env. 30 min
Cuisson au four	180 °C - 25 min
Portions	6-8

Aux fourneaux !

1. Déposez le camembert au milieu de la pâte feuilletée. Avec un couteau, coupez la pâte de moitié en partant du camembert vers l'extérieur, puis chaque moité en deux et encore en deux pour avoir au final huit sections.

2. Sur chacune des sections, déposez un bol sur le bord de la pâte et découpez le bord extérieur pour avoir des sections arrondies telles des pétales.

3. Faites chauffer de l'huile dans une poêle (optionnel) et faites-y cuire les lardons et les oignons.

4. Découpez le camembert en deux disques. Entre les deux, déposez les oignons et les lardons suivis des tranches de pommes de terre. Refermez le camembert puis chaque pétale un à un sur le fromage.

5. Il ne vous reste plus qu'à badigeonner votre pâte avec un jaune d'œuf, à saupoudrer de graines de pavot et à enfourner pendant 25 minutes à 180 °C.

 La recette en vidéo: www.bonap.fr/camembert-surprise/

Maïs dans son manteau de lard fumé au barbecue

Ingrédients :

1 épi de maïs précuit
7 tranches de lard
2 tranches de fromage
2 c. à s. de sauce teriyaki

Préparation	env. 10 min
Barbecue	140 °C - 30 min
Portion	1

Aux fourneaux !

1. Étalez cinq tranches de lard les unes à coté des autres (faites en sorte qu'elles se chevauchent un peu) à l'horizontale. Placez deux autres tranches en croix l'une à côté de l'autre, à peu près à la hauteur du premier tiers. Vous avez devant vous une sorte de croix, sur laquelle vous placez maintenant les deux tranches de fromage.

2. Déposez l'épi de maïs sur le fromage et roulez-le, uniquement avec le fromage, de manière à ce qu'il soit au même niveau que les deux bandes de lard transversales. Rabattez le lard pour couvrir les extrémités du maïs. Roulez ensuite l'épi dans le sens de la longueur avec le lard.

3. Étalez la sauce teriyaki sur le manteau de viande et faites griller au barbecue pendant 30 minutes à 140 °C. Tournez l'épi pour le faire cuire de façon homogène.

 La recette en vidéo: www.bonap.fr/bacon-mais-barbecue/

Roulé Club Sandwich

Ingrédients:

9 tranches de pain de mie

1 blanc de poulet cuit

3 tranches de jambon blanc

3 tranches de cheddar

4 tranches de lard

3 c. à s. de mayonnaise

2 c. à s. de moutarde

Huile

Préparation	env. 20 min
Cuisson	env. 6-8 min
Portions	1-2

Aux fourneaux !

1. Coupez les croûtes du pain de mie. Sur du film alimentaire, placez les tranches les unes à côté des autres trois par trois, de manière à former un carré parfait. Elles doivent se chevaucher un petit peu. À l'aide d'un rouleau à pâtisserie, aplatissez délicatement les tranches de pain.

2. Étalez la mayonnaise sur le pain. Sur le premier quart du carré, ajoutez le blanc de poulet émincé. Sur le second quart du carré, ajoutez le jambon. Ensuite, placez les tranches de fromage et le lard grillé sur le jambon et étalez la moutarde.

3. En vous aidant du film alimentaire, enroulez le pain sur lui-même en serrant bien.

4. Ôtez le film étirable, et coupez le roulé en deux. Mettez la poêle sur le feu et faites dorer tous les côtés du roulé.

 La recette en vidéo: www.bonap.fr/roule-club-sandwich/

GRATIN DE POULET ÉPICÉ

Ingrédients:

200 g de pommes de terre
400 g de blanc de poulet
150 g de lard
1 oignon nouveau
50 g de fromage râpé

POUR LA MARINADE

1 c. à s. de paprika
1 c. à c. de sel
1 gousse d'ail
2 c. à s. de sauce piquante
50 ml d'huile d'olive

Préparation	env. 20 min
Cuisson au four	175 °C - 35 min
Portions	6-8

Aux fourneaux !

1. Coupez les pommes de terre et le blanc de poulet en dés. Faites frire le lard et retirez la graisse. Émincez l'oignon rouveau.

2. Préparez la marinade en mélangeant le paprika, le sel, l'oignon émincé, la sauce piquante et l'huile d'olive dans un petit bol.

3. Versez la marinade sur les autres ingrédients dans un plat et remuez minutieusement avec une cuillère jusqu'à ce que le tout soit bien mélangé. Saupoudrez la préparation de fromage et enfournez pendant 35 minutes à 175 °C.

 La recette en vidéo: www.bonap.fr/gratin-poulet-epice/

TACO DE BACON ET SA BROUILLADE

Ingrédients:

POUR LE TACO

12 tranches de bacon (lard)

2 œufs

50 g de fromage

De la ciboulette émincée pour la décoration

À PRÉVOIR

2 verres

3 baguettes

Préparation   env. 20 min

Cuisson au four   180 °C - 12 min

Au micro-ondes   550 W - 2 min

Portion   1

Aux fourneaux !

1. Commencez par faire un damier avec les tranches de bacon en les déposant sur une feuille de papier cuisson. Pour cela, étalez six tranches à l'horizontale et six à la verticale en les faisant se chevaucher les unes sur les autres. Enfournez ensuite votre damier pendant 12 minutes à 180 °C et quand il est cuit, déposez un bol dessus pour en découper le contour et obtenir un disque.

2. Vous devez maintenant construire une sorte de pont avec les deux verres et les baguettes. Déposez le disque de bacon sur le pont en son milieu et faites chauffer le tout au micro-ondes à 550 W pendant deux minutes. Votre damier tiendra ainsi bien sa forme de taco.

3. Passons à la brouillade. Dans un bol, mélangez les deux œufs avec le fromage et faites cuire le mélange dans une poêle en remuant régulièrement avec une spatule.

4. Une fois la brouillade cuite et ferme, déposez-la dans le taco de bacon. Il ne vous reste plus qu'à décorer avec un peu de ciboulette ciselée et à dresser !

 La recette en vidéo: www.bonap.fr/tacos-bacon/

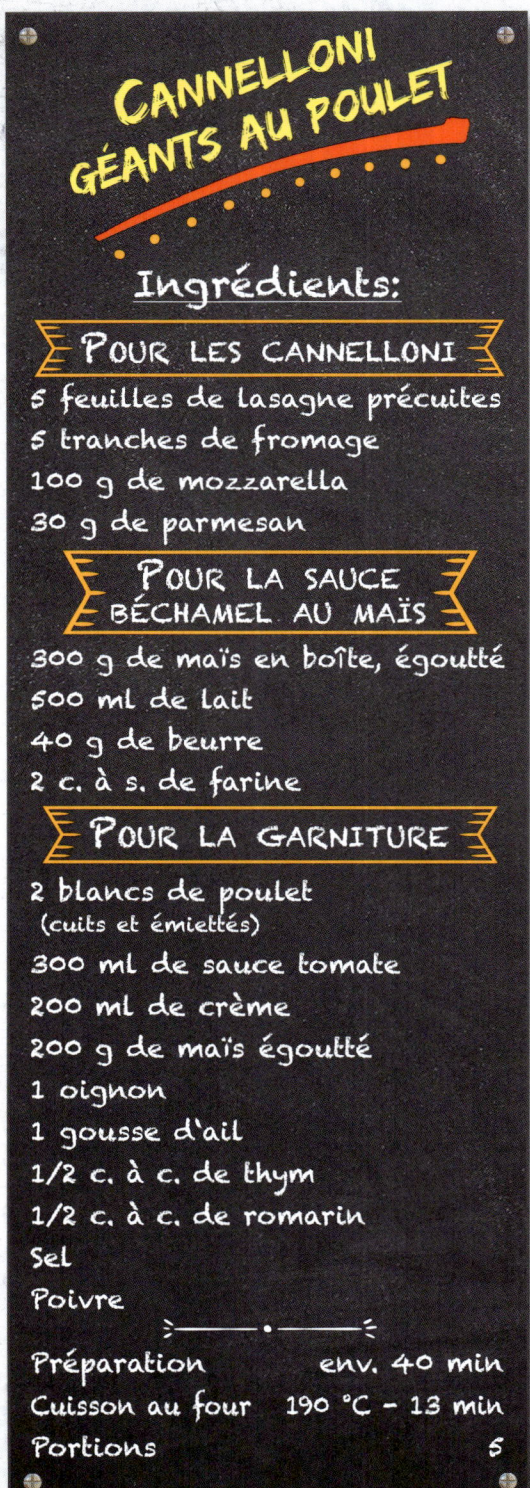

CANNELLONI GÉANTS AU POULET

Ingrédients:

POUR LES CANNELLONI

5 feuilles de lasagne précuites
5 tranches de fromage
100 g de mozzarella
30 g de parmesan

POUR LA SAUCE BÉCHAMEL AU MAÏS

300 g de maïs en boîte, égoutté
500 ml de lait
40 g de beurre
2 c. à s. de farine

POUR LA GARNITURE

2 blancs de poulet
(cuits et émiettés)
300 ml de sauce tomate
200 ml de crème
200 g de maïs égoutté
1 oignon
1 gousse d'ail
1/2 c. à c. de thym
1/2 c. à c. de romarin
Sel
Poivre

Préparation	env. 40 min
Cuisson au four	190 °C - 13 min
Portions	5

Aux fourneaux !

1. Préparez la sauce béchamel au maïs en versant le maïs, le lait, le beurre et la farine dans un mixeur. Passez le mélange à travers un tamis dans une casserole et pressez bien le tout au fond pour récolter tout le liquide. Faites chauffer le tout en assaisonant de sel et éventuellement de noix de muscade si vous en avez.

2. Pour la garniture, commencez par faire légèrement revenir l'oignon et l'ail dans l'huile d'olive puis ajoutez un à un le reste des ingrédients. Laissez le tout réduire.

3. Déposez une tranche de fromage sur chaque feuille de lasagne puis versez deux cuillères à soupe de la mixture au poulet sur l'une des extrémités. Roulez le tout pour former vos rouleaux de cannelloni. Mettez les rouleaux dans un plat allant au four.

4. Saupoudrez les cannelloni de mozzarella et versez ensuite la sauce béchamel dessus. Ajoutez du parmesan et enfournez pendant 13 minutes à 190 °C.

La recette en vidéo: www.bonap.fr/cannelloni-geants-au-poulet/

LASAGNES AUX BOULETTES DE VIANDE

Ingrédients:

POUR LES BOULETTES DE VIANDE

1 kg de viande de bœuf hachée

40 g de chapelure

2 œufs

1 oignon émincé

1 gousse d'ail hachée

2 c. à s. de basilic haché

1 c. à c. de poivre

1 c. à c. de sel

AUSSI

11 feuilles de lasagnes

500 ml de lait

500 ml de sauce tomate

400 g de jambon blanc

200 g de mozzarella râpée

25 g de beurre

25 g de farine

Huile de cuisson

Préparation   env. 40 min

Cuisson au four   170 °C - 40 min

Portions   6-8

Aux fourneaux !

1. Mettez tous les ingrédients pour les boulettes de viande dans un grand saladier puis malaxez. Une fois fait, formez des boulettes de 4 cm de diamètre jusqu'à ce qu'il n'y ait plus de mixture à la viande.

2. Faites cuire les boulettes dans une poêle avec de l'huile.

3. Faites fondre le beurre dans une casserole et incorporez la farine. Une fois que la mixture « mousse », ajoutez le lait. Assaisonnez de sel et de poivre, laissez épaissir tout en remuant fréquemment puis retirez du feu.

4. Versez la moitié de la sauce béchamel dans un plat allant au four puis déposez par-dessus 3 feuilles de lasagne cuites. Rangez 12 boulettes de viande sur les feuilles que vous recouvrez chacune d'une cuillère à soupe de sauce tomate. Saupoudrez de jambon blanc puis de mozzarella râpée. Ensuite, déposez 4 feuilles de lasagne par-dessus puis étalez le reste de sauce béchamel. Ajoutez le reste de jambon puis saupoudrez de mozzarella. Déposez par-dessus 4 feuilles de lasagne, 12 boulettes de viande, la sauce tomate puis la mozzarella. Enfournez ensuite à 170 °C pendant 40 minutes.

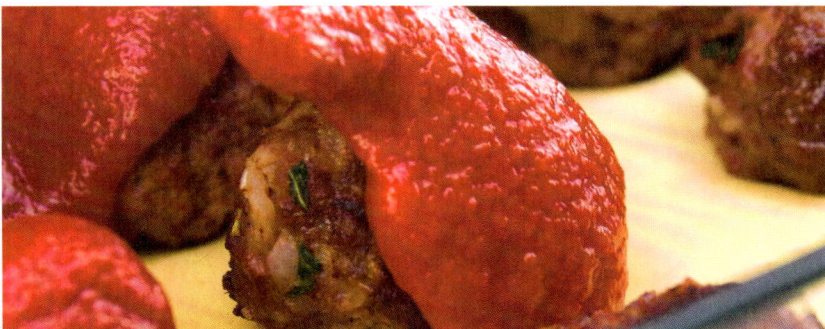

 La recette en vidéo: www.bonap.fr/lasagnes-boulettes-viande/

BRIQUE DE PIZZA AU POULET

Ingrédients:

POUR LA GARNITURE

350 g de blancs de poulet marinés

300 ml de sauce tomate piquante

70 g de mozzarella râpée

100 g de cheddar râpé

30 g d'oignons nouveaux

POUR LA PÂTE

500 g de pâte à pizza rectangulaire (30 x 40 cm)

80 g de mozzarella râpée

POUR L'ENVELOPPE

100 ml de sauce tomate piquante

100 g de mozzarella râpée

1 oignon nouveau ou de la ciboulette émincé(e)

Préparation   env. 30 min

Cuisson au four   160 °C - 35 min

Portions   15

Aux fourneaux !

1. Émincez les blancs de poulet marinés et mélangez-les à tous les ingrédients de la garniture.

2. Avec une roulette à pizza, découpez la pâte à pizza en 3 bandes horizontales puis en 5 bandes verticales de manière à obtenir 15 rectangles.

3. Sur chaque rectangle, déposez une cuillère à soupe de la garniture, puis un peu de mozzarella râpée.

4. À l'aide d'une spatule, empilez 3 rectangles l'un sur l'autre pour obtenir une petite tour. Vous devriez donc obtenir 5 tours.

5. Placez les tours dans un moule à cake, en les positionnant bien sur le côté. Versez la sauce tomate piquante par-dessus, saupoudrez de mozzarella râpée et enfournez pour 35 minutes à 160 °C.

6. Saupoudrez d'un oignon nouveau ou de ciboulette émincé(e) avant de servir.

 La recette en vidéo: www.bonap.fr/brique-de-pizza/

STEAK AU CŒUR TENDRE ET SAUCE AÏOLI

Ingrédients:

250 g de steak assez épais

300 ml d'huile végétale

50 ml d'eau

20 g de beurre (4 c. à c.)

4 petites carottes épluchées

3 panais épluchés et coupés en deux

1 gousse d'ail hachée

2 branches de romarin

2 jaunes d'œufs

1 c. à c. de moutarde

Huile d'olive

Sel

Poivre

Préparation	env. 20 min
Cuisson au four	180 °C - 10 min
Portion	1

Aux fourneaux !

1. Faites chauffer une poêle avec un peu d'huile végétale et faites-y dorer les deux faces de votre pièce de bœuf.

2. Dans un plat allant au four, déposez le steak accompagné des petites carottes et des panais pelés et coupés en deux. Déposez un filet d'huile d'olive sur les légumes et assaisonnez le tout de sel et poivre.

3. Faites de petits cubes de votre beurre et déposez-les sur la viande. Avant d'enfourner le tout pendant 10 minutes à 180 °C, allongez les branches de romarin sur les légumes.

4. Profitez de la cuisson pour préparer la sauce aïoli. Dans un saladier, mélangez à l'aide d'un fouet les jaunes d'œufs, l'eau, l'ail, la moutarde, le sel et le poivre. Ajoutez l'huile végétale petit à petit en remuant constamment pour obtenir une sauce ferme et crémeuse.

 La recette en vidéo: www.bonap.fr/steak-aioli/

CHEESEBURGER AU PAIN DE TOMATE

Ingrédients :

250 g de bœuf haché

2 tranches de fromage

1 oignon émincé

1 tomate cœur de bœuf

1 c. à s. de sauce BBQ

2 feuilles de laitues

2 tranches de concombre

Sel

Poivre

De l'huile végétale
pour la poêle

Préparation	env. 20 min
Cuisson	env. 10 min
Portion	1

Aux fourneaux !

1. Mélangez la viande, l'oignon, le sel et le poivre et travaillez le mélange avec vos mains pour former deux steaks.

2. Faites cuire les steaks dans une poêle légèrement huilée. Lorsque la cuisson est terminée (le temps dépend de vos goûts), déposez sur chaque steak une tranche de fromage.

3. Coupez la tomate en deux et épépinez-la. Versez la sauce BBQ sur le fond puis déposez les feuilles de salade, un premier steak, les tranches de concombre, le deuxième steak et recouvrez avec le chapeau de la tomate.

 La recette en vidéo: www.bonap.fr/tomate-cheeseburger/

KNALAMARS À PICORER

Ingrédients:

100 ml de lait

50 g de semoule de maïs

50 g de farine de blé

40 g de ketchup

4 saucisses de Strasbourg

1 œuf

1/2 sachet de levure chimique

1 c. à c. de sel

De l'huile de friture

1 œuf cuit (optionnel)

Mayonnaise (optionnel)

Olive noire (optionnel)

Moutarde (optionnel)

Préparation	env. 30 min
Cuisson	env. 5 min
Portions	8

Aux fourneaux !

1. Coupez les saucisses en deux et faites trois entailles partant du milieu des morceaux jusqu'au bout arrondi pour former les tentacules.

2. Dans un petit saladier mélangez la semoule, la farine, l'œuf, le lait, la levure et le sel pour former une pâte homogène. Incorporez ensuite le ketchup et remuez bien.

3. Trempez le côté sans tentacules des saucisses dans la pâte et faites frire vos petits knalamars. Les tentacules vont s'ouvrir et si la « tête » du calamar est trop petite vous pouvez retremper dans la sauce et refaire frire, jusqu'à obtenir la taille souhaitée.

4. En option pour la décoration, prenez votre œuf cuit et retirez toute la coquille. Coupez une extrémité et découpez-en des petits ronds à l'aide d'une paille. Collez ces ronds sur la tête des Knalamars à l'aide de la mayonnaise pour former les yeux. Ensuite, coupez une olive noire de façon à faire les pupilles et la bouche que vous collez également avec la mayonnaise. Versez de la moutarde sur la tête pour faire des petits chapeaux. Et voilà, c'est prêt !

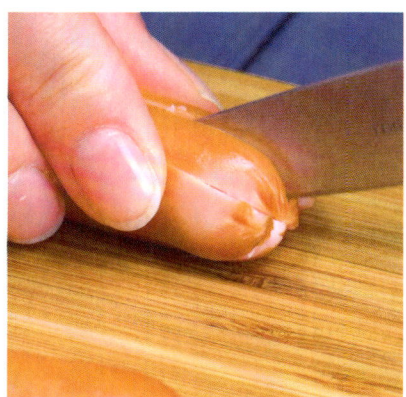

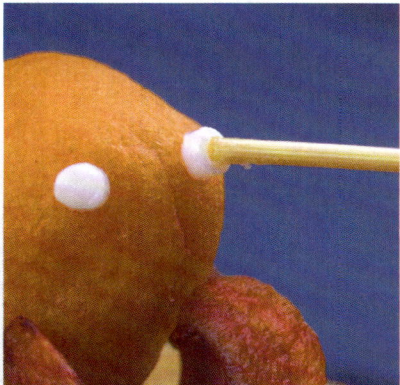

45

 La recette en vidéo: www.bonap.fr/knalamars-a-picorer/

CROQUETTE FONDANTE DE POULET ET MOZZARELLA

Ingrédients:

POUR LA PÂTE DE POMMES DE TERRE

6 pommes de terre moyennes cuites
2 c. à c. de piment en poudre
1 c. à c. de cumin
Sel
Poivre

POUR LA FARCE

2 blancs de poulet
1 c. à c. de cumin
2 c. à c. de piment en poudre
Oignons émincés
1 poivron vert coupé en dés
3 gousses d'ail émincées
Mozzarella râpée
Huile de friture
Sel
Poivre

POUR LA PANURE

3 œufs battus
Chapelure
Huile pour faire frire

>———•———<

Préparation   env. 45 min
Friture   env. 5 min

Aux fourneaux !

1. Pour préparer la pâte, placez les pommes de terre cuites dans un saladier, ajoutez les épices puis écrasez le tout de façon à faire une purée.

2. Découpez les blancs de poulet en gros morceaux, versez le cumin, le piment en poudre, le sel, le poivre et mélangez.

   Chauffez un peu d'huile dans une poêle et jetez-y vos dés d'oignon, de poivron et d'ail puis ajoutez vos morceaux de poulet. Mélangez bien jusqu'à ce que le poulet soit bien cuit.

3. Pour faire les croquettes, mettez environ 2 cuillères à soupe de pâte de pommes de terre dans votre main et aplatissez-la. Mettez ensuite une cuillère à soupe de la mixture au poulet ainsi que du fromage râpé sur la pâte et formez une boule.

4. Trempez les croquettes dans les œufs, puis la panure et faites frire jusqu'à ce qu'elles deviennent dorées.

 La recette en vidéo: www.bonap.fr/croquettes-de-pommes-de-terre/

Bouchées de bœuf marinées au balsamique

Ingrédients:

Pour la viande

500 g de rumsteak
Un peu d'huile pour la cuisson

Pour la marinade

60 ml de vinaigre balsamique
3 c. à s. d'huile végétale
60 g de miel
2 c. à s. de sauce soja
1 c. à c. de piment en flocons
2 gousses d'ail hachées
1 c. à c. de poivre du moulin
1 c. à c. de romarin haché

Préparation	env. 10 min + 2 h de marinade
Cuisson	env. 10 min
Portions	env. 10

Aux fourneaux !

1. Coupez le rumsteak en gros morceaux.

2. Déposez-les dans un saladier dans lequel vous versez tous les ingrédients pour la marinade. Mélangez bien et laissez mariner pendant minimum deux heures.

3. Faites chauffer de l'huile dans une poêle et lorsque celle-ci est bien chaude, faites-y revenir la viande marinée selon la cuisson que vous préférez. Assaisonnez de sel et poivre.

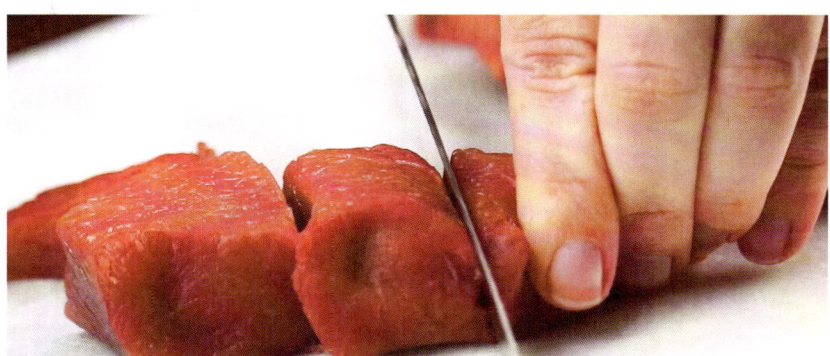

 La recette en vidéo: www.bonap.fr/boeuf-balsamique/

PIZZA LASAGNE

Ingrédients:

1 kg de viande hachée

24 tranches de salami

20 feuilles de lasagne cuites

600 g de sauce tomate

700 g de ricotta

200 g de parmesan

150 g de mozzarella

200 g de champignons, découpés en lamelles

2 œufs

1 oignon émincé

1 gousse d'ail émincée

1 c. à c. de piment en flocons

1 c. à s. d'origan

Sel

Huile

Préparation	env. 30 min
Cuisson au four	170 °C - 60 min
Portions	6-8

Aux fourneaux !

1. Chauffez de l'huile dans une casserole et faites-y brièvement revenir l'oignon, l'ail et les champignons avant d'ajouter la viande hachée. Assaisonnez avec du sel, du piment et de l'origan et laissez cuire. Ajoutez la sauce tomate et laissez mijoter.

2. Dans un saladier, mélangez la ricotta, les œufs et le parmesan.

3. Dans un moule à charnière, placez des feuilles de lasagne. Recouvrez-les d'un tiers de la sauce à base de viande, puis déposez de nouvelles feuilles de lasagne. Faites une couche avec la moitié de la crème de ricotta et disposez huit tranches de salami. Réalisez ensuite les couches suivantes dans cet ordre : feuilles de lasagne, sauce, feuilles de lasagne, ricotta, salami, feuilles de lasagne, sauce, mozzarella, salami.

4. Enfin, enfournez pendant 60 minutes à 170 °C.

51

 La recette en vidéo: www.bonap.fr/pizza-lasagne/

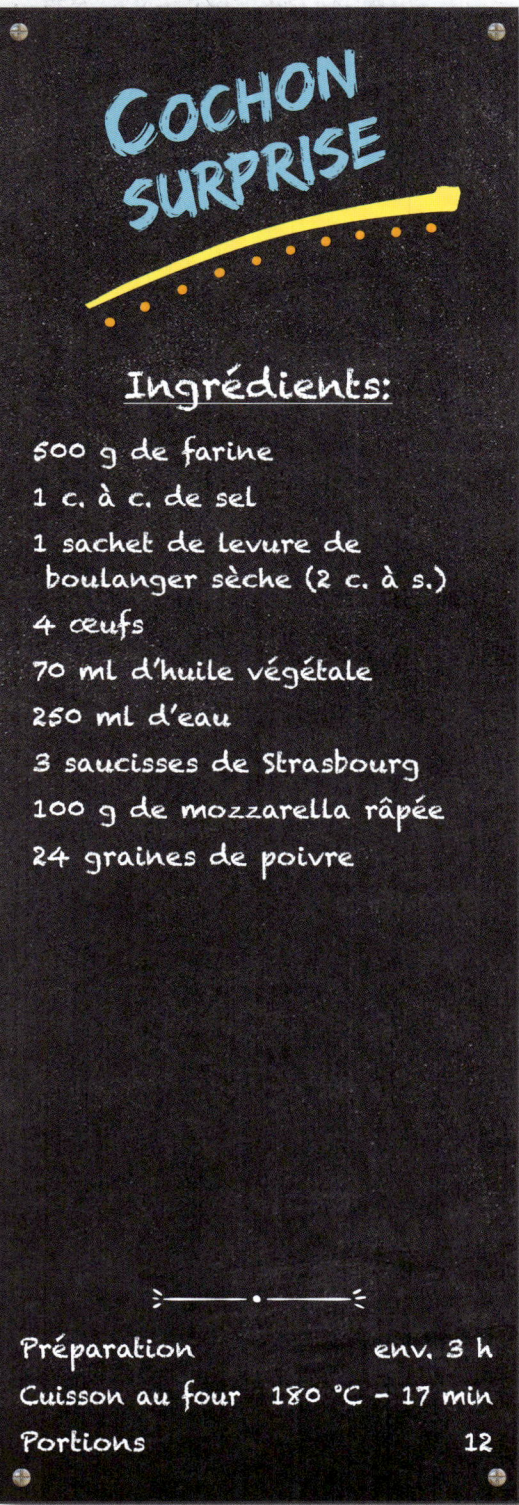

COCHON SURPRISE

Ingrédients:

500 g de farine

1 c. à c. de sel

1 sachet de levure de
  boulanger sèche (2 c. à s.)

4 œufs

70 ml d'huile végétale

250 ml d'eau

3 saucisses de Strasbourg

100 g de mozzarella râpée

24 graines de poivre

Préparation   env. 3 h

Cuisson au four   180 °C - 17 min

Portions   12

Aux fourneaux !

1. Préparez la pâte en mélangeant la farine, le sel, la levure, deux jaunes d'œufs, l'huile végétale et l'eau. Pétrissez bien la pâte avec les mains pour former un mélange uniforme et souple que vous laissez reposer 2 heures.

2. Coupez les saucisses en 4 de manière à avoir 12 morceaux. Une fois que la pâte a bien reposé, divisez-la en 12 boules. Pour chacune des boules : mettez environ 1/5 de côté, aplatissez le reste et placez un morceau de saucisse de Strasbourg au centre. Ajoutez un peu de mozzarella râpée par-dessus et refermez la boule. Badigeonnez de jaune d'œuf.

3. On passe ensuite à la décoration du cochon : prenez une petite portion de pâte mise précédemment de côté. Enfoncez-y les cure-dents et placez le morceau sur votre boule de pâte pour faire le groin. Avec un autre petit morceau de pâte, faites les oreilles et la queue entortillée que vous placez également sur le cochon. Terminez en mettant 2 graines de poivre qui feront office d'yeux.

4. Enfournez vos cochons pendant 17 minutes à 180 °C. Une fois la cuisson terminée, retirez les cure-dents des groins.

La recette en vidéo: www.bonap.fr/cochons-surprise/

53

RAGOÛT ENTOURTÉ

Ingrédients:

2 pâtes à tarte

500 g de bœuf

400 g de carottes

1 oignon

1 c. à s. de concentré de tomate

3 c. à s. de curry

500 ml de bouillon

250 g de petits pois

1 œuf

1 c. à s. d'huile

Sel

Poivre

Préparation	env. 30 min + 1 h à mijoter
Cuisson au four	180 °C - 25 min
Portions	6-8

Aux fourneaux !

1. Faites chauffer l'huile dans un fait-tout et ajoutez les morceaux de bœuf. Faites cuire jusqu'à obtenir une couleur marron foncé.

2. Ajoutez les carottes, l'oignon, le concentré de tomate et le curry. Laissez cuire le mélange pendant une heure. Ajoutez les petits pois et assaisonnez de sel et de poivre.

3. Étalez la première pâte dans un moule à tarte puis piquez-la avec une fourchette. Déposez dessus le ragoût que vous venez de préparer.

4. Dans la deuxième pâte, faites trois trous à l'aide d'un emporte-pièce. Collez les trois morceaux d'excédent de pâte entre les trous avec un point de jaune d'œuf. Recouvrez ensuite le ragoût avec cette seconde pâte. Si nécessaire, coupez l'excédent de pâte qui dépasse du moule et pressez les bords des deux pâtes afin de les unir. Badigeonnez d'œuf et enfournez pendant 25 minutes à 180 °C.

 La recette en vidéo: www.bonap.fr/ragout-entourte/

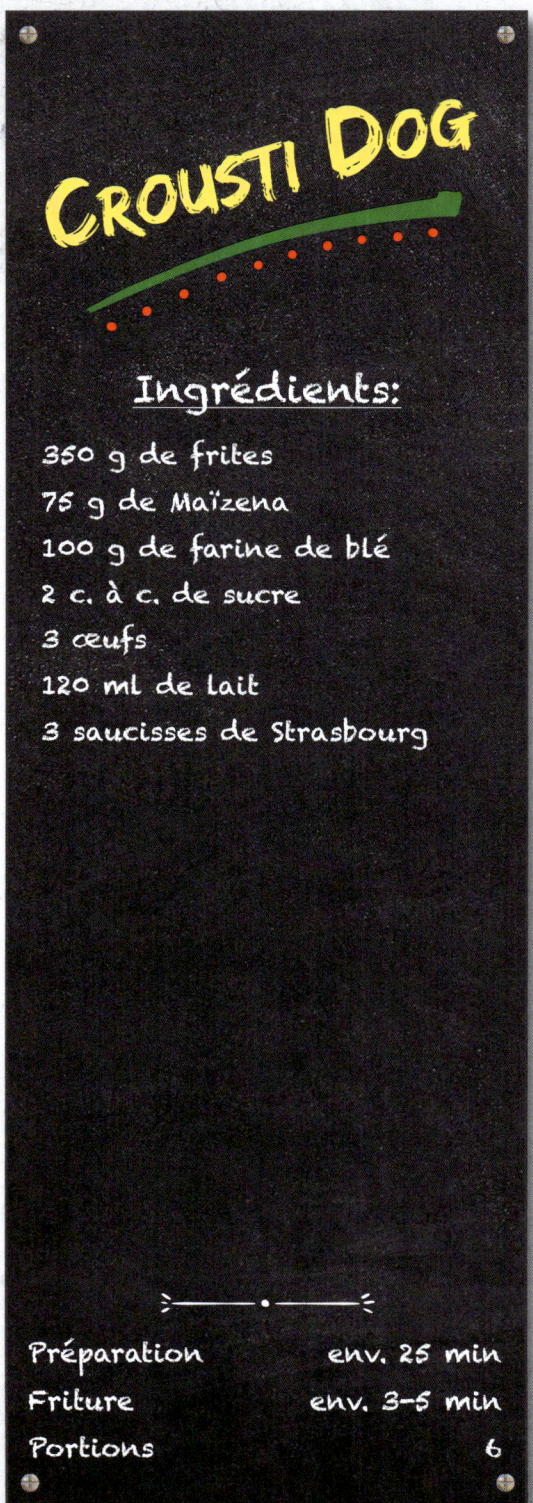

CROUSTI DOG

Ingrédients:

350 g de frites

75 g de Maïzena

100 g de farine de blé

2 c. à c. de sucre

3 œufs

120 ml de lait

3 saucisses de Strasbourg

Préparation	env. 25 min
Friture	env. 3-5 min
Portions	6

Aux fourneaux !

1. Coupez les frites en petits dés.

2. Dans un saladier, mélangez la Maïzena, la farine de blé, le sucre et remuez. Ajoutez les œufs et le lait à la préparation et remuez bien pour faire votre pâte.

3. Enfoncez un bâtonnet en bois dans une saucisse de Strasbourg, enrobez-la dans la pâte et roulez-la sur quelques frites pour que celles-ci la recouvrent presque complètement. Les frites devraient se coller à la pâte qui entoure la saucisse.

4. Plongez le tout dans de l'huile bien chaude pour faire frire jusqu'à obtenir une belle couleur dorée.

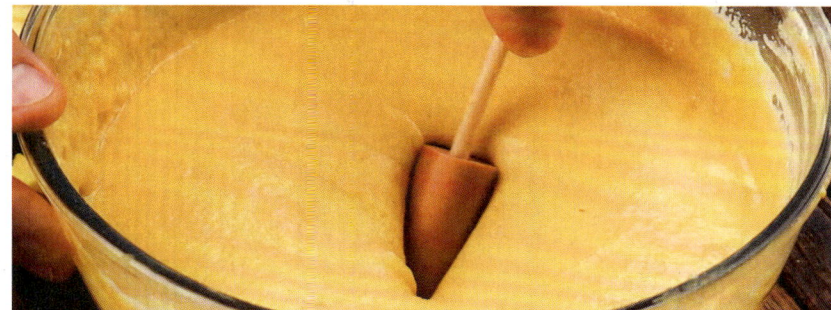

57

 La recette en vidéo: www.bonap.fr/crousti-dog/

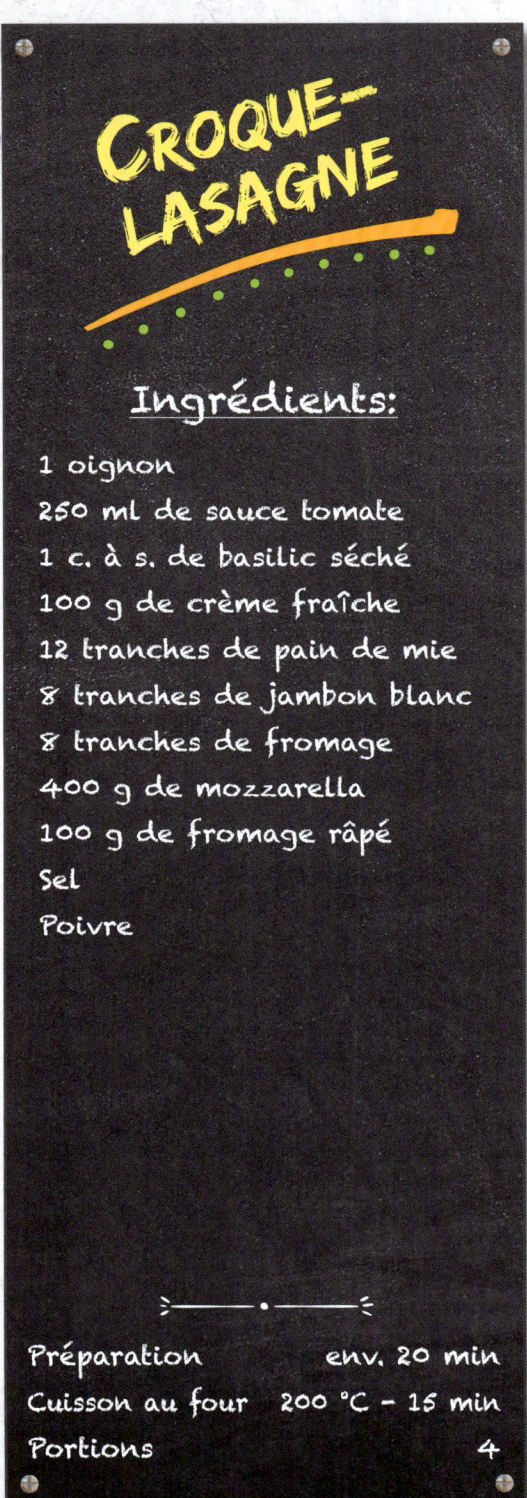

CROQUE-LASAGNE

Ingrédients:

1 oignon

250 ml de sauce tomate

1 c. à s. de basilic séché

100 g de crème fraîche

12 tranches de pain de mie

8 tranches de jambon blanc

8 tranches de fromage

400 g de mozzarella

100 g de fromage râpé

Sel

Poivre

Préparation	env. 20 min
Cuisson au four	200 °C - 15 min
Portions	4

Aux fourneaux !

1. Dans une poêle, faites revenir l'oignon ciselé dans un peu d'huile et, quand celui-ci a une couleur dorée, ajoutez la sauce tomate, le basilic, une pincée de sel, de poivre et la crème fraîche.

2. Quand la sauce est bien mélangée, retirez-la du feu et déposez quatre tranches de pain dans le fond d'un moule carré. Si vous n'en avez pas, coupez simplement les bords de votre pain pour adapter la recette à la forme de votre plat.

3. Étalez une cuillère à soupe de sauce sur votre lit de pain de mie, puis quatre tranches de jambon blanc, de fromage et de mozzarella.

4. Répétez cette étape une nouvelle fois et finissez par un lit de pain de mie recouvert de sauce tomate. Saupoudrez de fromage râpé et ajoutez le reste de mozzarella. Il ne vous reste plus qu'à mettre au four pendant 15 minutes à 200 °C.

La recette en vidéo: www.bonap.fr/croque-lasagnes/

59

PAIN DE VIANDE FOURRÉ AUX ŒUFS

Ingrédients:

POUR LE PAIN

1 pain brun, env. 750 g
4 tranches de bacon
150 g de fromage frais
2 tranches de fromage
4 œufs durs
150 g de mozzarella râpée

POUR LA GARNITURE À LA VIANDE

700 g de viande hachée
30 g de chapelure
1 oignon
1 gousse d'ail
1/2 c. à s. de cumin
1/2 c. à s. de paprika
2 œufs
1 c. à s. de persil
Sel
Poivre

Préparation   env. 30 min
Cuisson au four   160 °C - 35 min
Portions   6-8

Aux fourneaux !

1. Commencez par préparer la viande en mélangeant l'ensemble des ingrédients dans un saladier.

2. Coupez le dessus du pain dans le sens de la longueur et videz-le de sa mie. Remplissez-le avec les 2/3 de viande tout en laissant un sillon au milieu.

3. Mettez les tranches de bacon par-dessus la viande puis étalez le fromage frais que vous recouvrez avec deux tranches de fromage. Pour finir, ajoutez les œufs durs.

4. Couvrez la farce avec le reste de la viande et replacez le morceau de pain coupé. Saupoudrez le pain de mozzarella et enfournez le tout pendant 35 minutes à 160 °C.

 La recette en vidéo: www.bonap.fr/pain-viande-fourre-aux-oeufs/

CASSOLETTE À LA BOLOGNAISE

Ingrédients:

600 ml de bouillon de légumes

500 g de viande hachée

400 g de sauce tomate

250 g de pâtes cuites

120 g de fromage frais

60 g de parmesan râpé

3 oignons émincés

3 gousses d'ail émincées

2 c. à s. d'origan

1 c. à s. de sucre

1 c. à s. d'huile d'olive

Sel

Poivre

Basilic

Préparation   env. 15 min

Cuisson   env. 40 min

Portions   env. 4

Aux fourneaux !

1. Faites chauffez l'huile dans une poêle puis revenir la viande hachée en ajoutant les oignons et l'ail.

2. Une fois la viande cuite, assaisonnez avec le sel, le poivre et l'origan.

3. Versez la sauce tomate et le bouillon de légumes puis laissez cuire pendant 30 minutes.

4. Ajoutez les pâtes et laissez à nouveau cuire entre 8 et 10 minutes.

5. Pendant ce temps, mélangez le fromage frais avec le parmesan et assaisonnez le tout avec du poivre.

6. Versez la préparation de pâtes dans une cassolette et déposez une cuillère de la mixture au fromage par-dessus.

7. Finissez par saupoudrer de fromage râpé et de basilic et votre plat est prêt à être dégusté !

 La recette en vidéo: www.bonap.fr/cassolette-bolo/

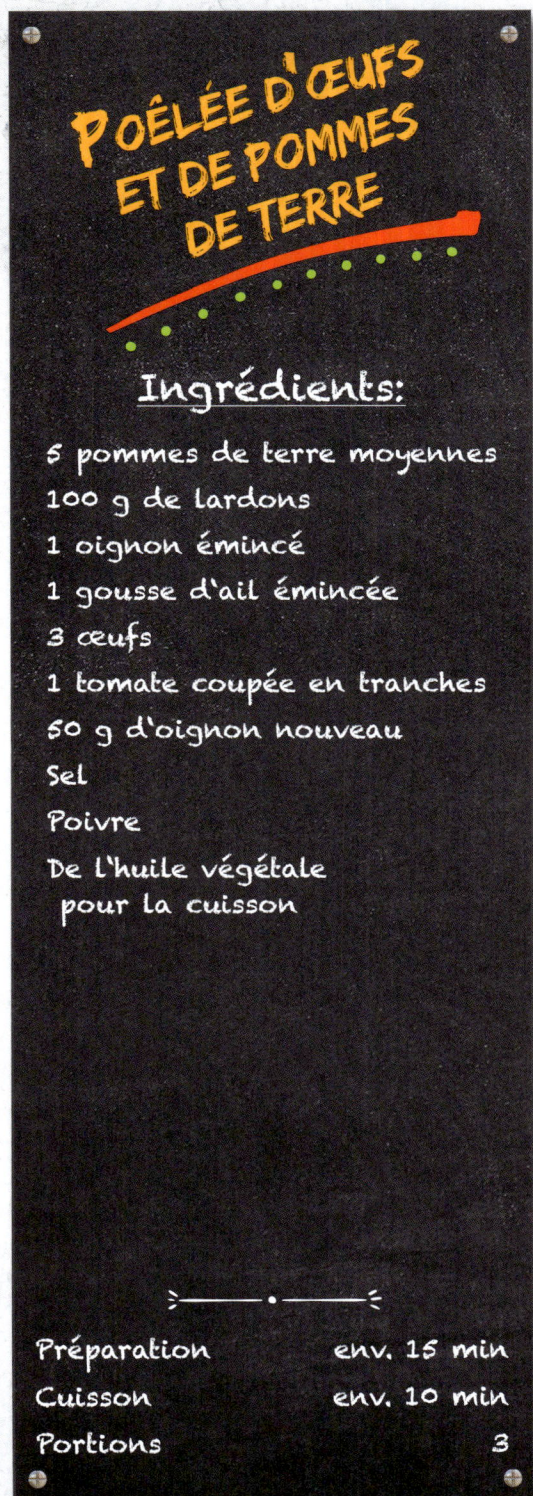

POÊLÉE D'ŒUFS ET DE POMMES DE TERRE

Ingrédients:

5 pommes de terre moyennes

100 g de lardons

1 oignon émincé

1 gousse d'ail émincée

3 œufs

1 tomate coupée en tranches

50 g d'oignon nouveau

Sel

Poivre

De l'huile végétale pour la cuisson

Préparation   env. 15 min

Cuisson   env. 10 min

Portions   3

Aux fourneaux !

1. Épluchez les pommes de terre et coupez-les en dés. Faites chauffer l'huile puis versez les cubes de pommes de terre et assaisonnez de sel et de poivre.

2. Après quelques minutes, ajoutez les lardons, l'oignon et l'ail et laissez cuire.

3. Réalisez ensuite trois trous dans la poêle et cassez des œufs à l'intérieur. Déposez ensuite des tranches de tomates par-dessus la poêlée et couvrez. Laissez cuire pendant encore 5 minutes.

65

 La recette en vidéo: www.bonap.fr/poelee-doeufs-et-pdt/

MUFFINS DE SPAGHETTIS BOLOGNAISE

Ingrédients:

150 g de bacon

650 g de spaghettis cuits

2 œufs

75 g de parmesan râpé

150 g de fromage à tartiner

250 ml de sauce bolognaise

120 g de fromage râpé

Poivre

Huile ou beurre

Préparation   env. 25 min

Cuisson au four   175 °C - 20 min

Portions   6

Aux fourneaux !

1. Faites revenir le bacon dans une poêle jusqu'à ce qu'il soit croustillant. Éteignez les plaques et ajoutez les spaghettis cuits et du poivre pour relever un peu.

2. Dans un saladier, mélangez les œufs avec le parmesan râpé puis versez dans les pâtes. Remplissez ensuite le moule à muffins (beurré au préalable) avec la même quantité de pâtes dans chaque cavité.

3. Étalez une cuillerée de fromage à tartiner au-dessus de chaque tas de pâtes puis ajoutez une cuillerée de sauce bolognaise.

4. Saupoudrez de fromage râpé et enfournez pendant 20 minutes à 175 °C, à chaleur tournante.

 La recette en vidéo: www.bonap.fr/muffins-de-spaghetti/

CHAUSSON DORÉ AU POULET

Ingrédients:

10 tranches de pain de mie

1 blanc de poulet cuit

4 c. à s. de maïs

1 c. à s. de concentré de tomate

3 c. à s. de fromage frais

1 c. à s. de persil

1 c. à c. d'origan

1 œuf

Mozzarella râpée

Sel

Poivre

Préparation	env. 40 min
Cuisson au four	175 °C - 12 min
Portions	10

Aux fourneaux !

1. Faites cuire le blanc de poulet au four puis émiettez-le et mettez le tout dans un saladier.
   Ajoutez le maïs, le concentré de tomate, le fromage frais, l'origan, le persil, le sel et le poivre puis mélangez bien.

2. Enlevez la croûte des tranches de pain de mie et aplatissez-les ensuite avec un rouleau à pâtisserie.

3. Déposez environ 1 cuillère à soupe de la mixture sur chaque tranche de pain de mie.

4. Repliez un côté du pain de mie sur le côté garni de façon à former un triangle et pressez les côtés avec une fourchette pour maintenir le tout en place.

5. Étalez du jaune d'œuf sur chaque chausson et ajoutez du fromage râpé. Enfournez pendant 12 minutes à 175 °C.

 La recette en vidéo: www.bonap.fr/chausson-croustillant-poulet/

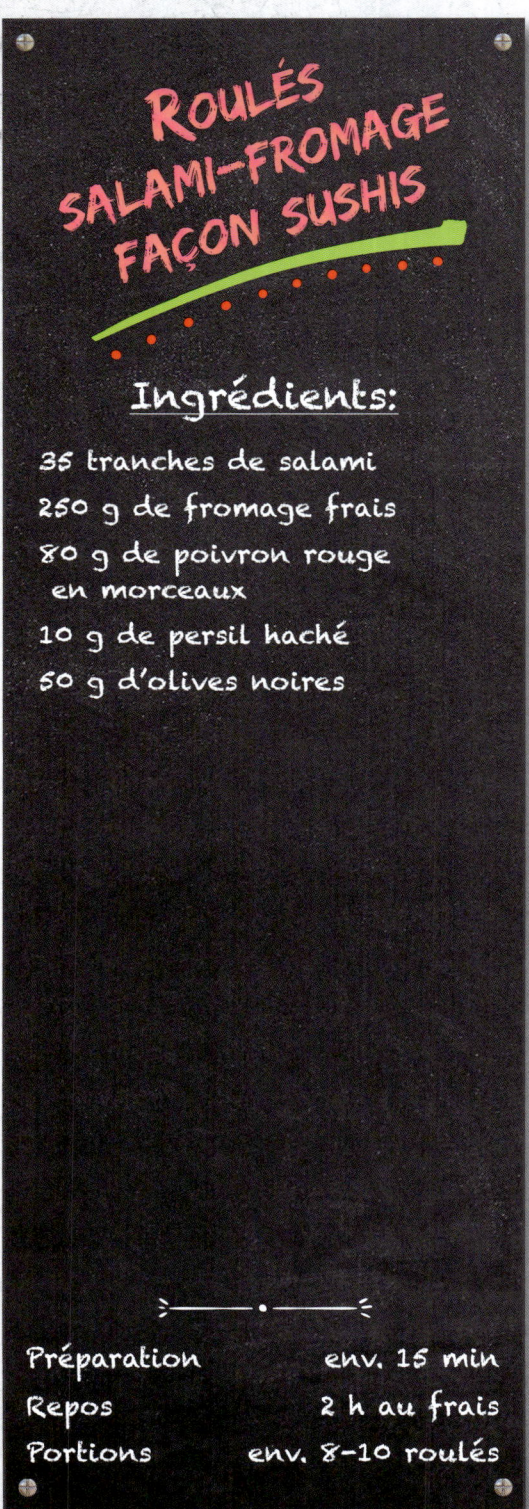

ROULÉS SALAMI-FROMAGE FAÇON SUSHIS

Ingrédients:

35 tranches de salami

250 g de fromage frais

80 g de poivron rouge en morceaux

10 g de persil haché

50 g d'olives noires

Préparation	env. 15 min
Repos	2 h au frais
Portions	env. 8-10 roulés

Aux fourneaux !

1. Déposez les tranches de salami sur une feuille de film transparent.

2. Étalez le fromage frais sur le salami et ajoutez les ingrédients sur trois parties bien distinctes.

3. Roulez maintenant les tranches de salami à la manières des makis et réservez au frais pendant deux heures. Une fois le temps écoulé, déroulez doucement et coupez des tranches.

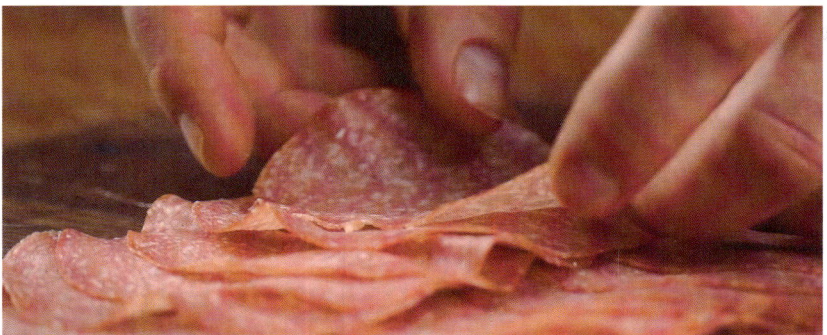

 La recette en vidéo: www.bonap.fr/roules-salami-fromage/

GAUFRE DE POMMES DE TERRE AU BACON

Ingrédients:

400 g de pommes de terre

8 tranches de bacon

125 g de farine

1 sachet de levure

1 œuf

170 ml de lait

20 g de ciboulette hachée

2 cuillères à soupe de beurre fondu

4 tranches de fromage

Préparation	env. 30 min
Cuisson	
Pommes de terre	env. 15 min
Bacon	env. 7 min
Portions	4

Aux fourneaux !

1. Pelez et émincez les pommes de terre. Faites-les bouillir 15 minutes.

2. Dans une poêle, faites frire le bacon jusqu'à le rendre brun et croustillant.

3. Écrasez les pommes de terre à la fourchette et ajoutez la farine, la levure, l'œuf, le lait, et la ciboulette. Mélangez bien : voici votre pâte !

4. Mettez un peu de pâte dans le gaufrier préalablement beurré. Ajoutez une tranche de fromage et deux tranches de bacon. Par dessus, remettez un peu de pâte pour couvrir le tout. Laissez cuire dans le gaufrier.

73

 La recette en vidéo: www.bonap.fr/gaufre-bacon/

MUFFINS DE CHEESEBURGER

Ingrédients:

POUR LA PÂTE

Pâte à pain prête à dérouler

POUR LA GARNITURE

400 g de viande hachée

50 g de fromage râpé

1 oignon ciselé

2 c. à s. d'huile d'olive

1 c. à s. de ketchup

Sel

Poivre

POUR LA DÉCORATION

6 petites tranches de fromage

Gros cornichons en tranches

2 c. à s. de ketchup

Préparation   env. 30 min

Cuisson au four   160 °C - 30 min

Portions   6

Aux fourneaux !

1. Coupez la pâte en 6 morceaux que vous travaillez avec les mains pour faire des boules. Aplatissez légèrement les boules et placez-les dans un moule à muffins (une boule par compartiment) après avoir un peu huilé le fond. Enfoncez le pouce dans la pâte pour creuser un petit puits.

2. Dans une poêle chauffée avec un peu d'huile, faites revenir la viande hachée, l'oignon, le sel, le poivre et le ketchup. Lorsque la cuisson est sur le point de terminer, ajoutez le fromage râpé et remuez.

3. Déposez la viande dans les puits des moules à muffins et enfournez pour 30 minutes à 160 °C.

4. Lorsque la cuisson est terminée, déposez une tranche de fromage et deux tranches de gros cornichons sur chaque muffin. Terminez par une larme de ketchup sur le dessus.

La recette en vidéo: www.bonap.fr/cheeseburgers-muffins/

PIZZA MONTGOLFIÈRE

Ingrédients:

De la farine

2 pâtes à pizza

100 ml de sauce tomate

1 boule de mozzarella découpée en tranches

7 olives noires

1 c. à c. d'origan

1 jaune d'œuf

50 ml de rhum

80 g de jambon serrano

20 g de roquette

3 petites tomates coupées en dés

1 gousse d'ail hachée

2 c. à s. de basilic haché

2 c. à s. d'huile d'olive

Préparation   env. 30 min

Cuisson au four   200 °C - 15 min

Portions   3-4

Aux fourneaux !

1. Étalez une pâte à pizza sur le plan de travail fariné. Déposez la sauce tomate dessus et recouvrez des tranches de mozzarella et des olives. Saupoudrez d'origan.

2. Badigeonnez le contour de la pâte avec le jaune d'œuf. Déposez 4 pailles sur le bord et recouvrez avec la deuxième pâte à pizza. Pressez les bords des deux pâtes ensemble pour qu'ils adhèrent bien. Soufflez dans les pailles pour faire gonfler la montgolfière. Quand le ballon est rond, retirez les pailles délicatement et enfournez pendant 15 minutes à 200 °C.

3. À la sortie du four, versez du rhum tiède sur la montgolfière et allumez avec un briquet ou une allumette pour flamber le ballon. Avant de servir, découpez la partie bombée de la pizza. Sur la partie plate, ajoutez du jambon serrano et de la roquette.

4. Dans la partie bombée, qui fait maintenant office de bol, mélangez les dés de tomate, l'ail et le basilic. Si le bol est assez solide, vous pouvez même ajouter un peu d'huile d'olive pour lier le tout.

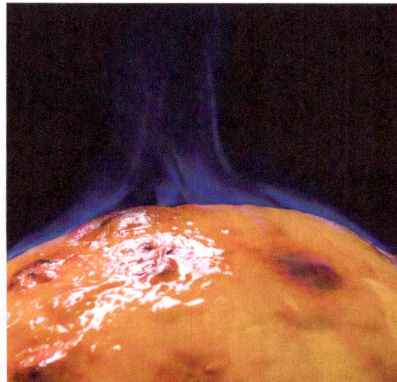

MACARONIS AU FROMAGE WELLINGTON

Ingrédients:

POUR LA SAUCE BÉCHAMEL AU FROMAGE

30 g de beurre

30 g de farine

500 ml de lait

340 g de cheddar râpé

200 g de mozzarella râpée

500 g de macaronis cuits

POUR LE MANTEAU DE PÂTE FEUILLETÉE

1 pâte feuilletée

15 tranches de lard grillé

1 œuf battu

Préparation   env. 30 min
                     + 2 h au frais

Cuisson au four 180 °C - 40 min

Portions   6-8

Aux fourneaux !

1. Faites fondre le beurre dans une casserole puis ajoutez la farine et laissez épaissir, tout en mélangeant avec un fouet. Versez le lait et remuez jusqu'à ce qu'il n'y ait plus de grumeaux. Incorporez les fromages pour la sauce et remuez bien.

2. Versez les macaronis cuits et mélangez bien dans la sauce.

3. Versez le tout dans un moule à cake recouvert d'une feuille de papier sulfurisé puis mettez au frais pendant 2 heures.

4. Déroulez la pâte feuilletée sur une feuille de papier sulfurisé et déposez-y les tranches de lard. Placez ensuite le bloc de macaronis sur la partie inférieure de la pâte et retirez le papier sulfurisé. Enroulez le bloc dans la pâte et refermez bien les bords tout autour. Mettez le tout sur une plaque allant au four.

5. Badigeonnez la pâte avec l'œuf battu et enfournez le tout pendant 40 minutes à 180 °C.

La recette en vidéo: www.bonap.fr/macaronis-wellington/

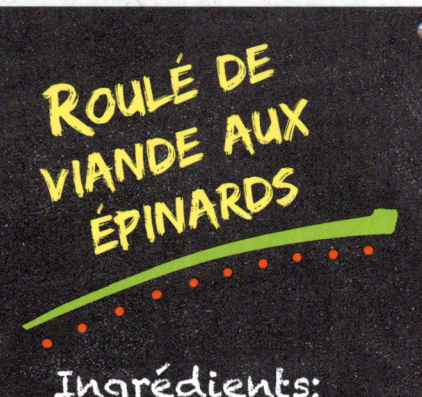

ROULÉ DE VIANDE AUX ÉPINARDS

Ingrédients:

1 kg de viande hachée

120 g de chapelure

1 c. à s. de sel

1/2 c. à s. de poivre

2 œufs

200 g de jambon blanc
(env. 6 tranches)

150 g de fromage

100 g de feuilles d'épinard

400 g de bacon

Préparation	env. 30 min
Cuisson au four	200 °C - 60 min
Portions	6-8

Aux fourneaux !

1. Dans un saladier, mélangez la viande hachée, la chapelure, le sel, le poivre et les œufs.

2. Recouvrez une plaque de cuisson de papier aluminium puis étalez-y la farce. Aplatissez avec une cuillère à soupe et recouvrez de tranches de jambon blanc, puis de tranches de fromage et enfin de feuilles d'épinard.

3. En vous aidant de la feuille d'aluminium, roulez le tout fermement. Vous obtenez alors un rouleau de viande dont il faut refermer les extrémités afin que la farce ne coule pas.

4. À nouveau, recouvrez une plaque de cuisson de papier aluminium (ou réutilisez la précédente) puis étalez le bacon sur toute la surface. Placez ensuite le rouleau à l'extrémité et enroulez fermement le bacon autour. Enfournez le rouleau, toujours enveloppé d'aluminium, pendant 30 minutes à 200 °C. Retirez ensuite l'aluminium et ré-enfournez pendant 30 autres minutes afin que le bacon soit croustillant.

 La recette en vidéo: www.bonap.fr/roule-trois-viandes/

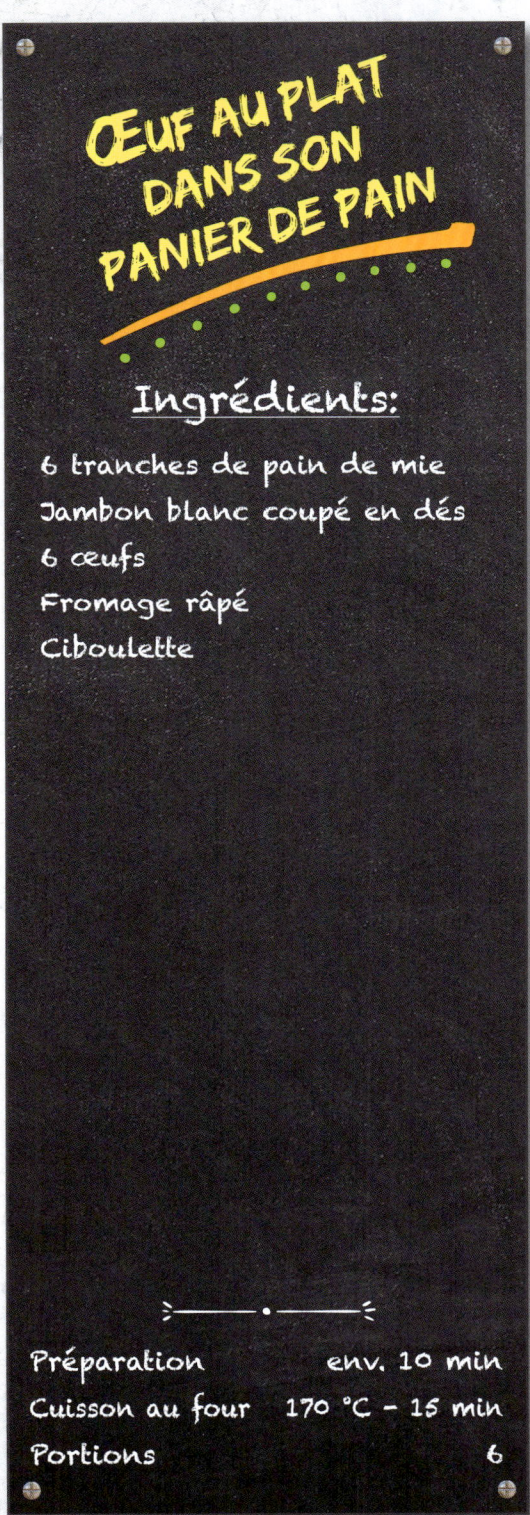

ŒUF AU PLAT DANS SON PANIER DE PAIN

Ingrédients:

6 tranches de pain de mie
Jambon blanc coupé en dés
6 œufs
Fromage râpé
Ciboulette

Préparation	env. 10 min
Cuisson au four	170 °C - 15 min
Portions	6

Aux fourneaux !

1. Enlevez la croûte du pain et aplatissez-le en utilisant un rouleau à pâtisserie. Mettez chaque tranche de pain dans un compartiment du moule à muffins et pressez bien les tranches contre les parois.

2. Saupoudrez les dés de jambon sur chaque tranche, ajoutez un œuf puis saupoudrez le tout avec le fromage râpé de votre choix. Enfournez pendant 15 minutes à 170 °C. Une fois la cuisson terminée, agrémentez avec de la ciboulette ciselée.

 La recette en vidéo: www.bonap.fr/oeuf-au-plat-panier/

OIGNONS FARCIS AU POULET

Ingrédients:

- 450 g de blanc de poulet
- 3-4 oignons
- Huile végétale
- 100 ml de ketchup
- 2 c. à c. de paprika
- 2 c. à c. de curry
- 1 c. à c. de piment de Cayenne
- 1 c. à s. de miel
- 75 g de mozzarella râpée
- 2 oignons nouveaux
- 12 tranches de bacon
- 100 ml de sauce BBQ

Préparation   env. 40 min
Cuisson au four   180 °C - 20 min
Portions   6

Aux fourneaux !

1. Émiettez le blanc de poulet avec une fourchette puis retirez la première couche des oignons que vous conservez pour plus tard.

2. Coupez la partie interne des oignons en morceaux et faites-les revenir dans l'huile. Ajoutez le ketchup, le paprika, le curry, le piment de Cayenne, le miel et mélangez bien.

3. Versez la mixture sur le poulet puis saupoudrez de mozzarella et d'oignons nouveaux (coupés). Remuez bien avec les mains.

4. Formez des boules de cette mixture que vous mettez dans les couches d'oignon. Enroulez deux tranches de bacon sur chaque oignon farci, surtout pour recouvrir les parties ouvertes de l'oignon. Pour bien maintenir le tout, plantez des brochettes en bois dans les boules. Étalez la sauce barbecue puis enfournez à 180 °C pendant 20 minutes.

 La recette en vidéo: www.bonap.fr/cignon-farci-au-poulet/

PARMENTIER EN MIGNARDISE

Ingrédients:

2 grosses pommes
de terre cuites

30 g de beurre

60 ml de lait

Un peu d'huile végétale

150 g de viande hachée

1 oignon ciselé

20 g de farine

120 ml de bouillon de bœuf

80 g de petits pois

50 g de carottes

Sel

Poivre

Préparation	env. 1 h
Cuisson au four	180 °C -
45-60 min + 20 min
Portions	2

Aux fourneaux !

1. Faites cuire les pommes de terre au four, non épluchées, pendant 45 à 60 min à 180 °C.

2. Une fois cuites et légèrement refroidies, retirez-en le chapeau sur la longueur et videz-les à l'aide d'une cuillère. Mettez la chair dans un saladier.

3. Ajoutez le beurre, le sel et le lait au saladier et mélangez avec une fourchette pour bien écraser. Remplissez ensuite une poche à douille à l'embout en étoile avec cette préparation.

4. Faites chauffer l'huile dans une poêle et versez la viande hachée et les oignons dedans. Lorsque vous obtenez une belle couleur brunie, ajoutez la farine, mélangez et versez ensuite le bouillon de bœuf, les petits pois et les carottes. Assaisonnez de sel et poivre et mélangez bien à nouveau. Laissez cuire jusqu'à obtenir une sauce onctueuse.

5. Pour finir, déposez votre garniture dans les pommes de terre vidées. Pour parfaire le tout, pressez la purée contenue dans la poche à douille par-dessus les pommes de terre maintenant remplies. Il ne vous reste plus qu'à enfourner pendant 20 minutes au four à 180 °C.

87

 La recette en vidéo: www.bonap.fr/panier-parmentier/

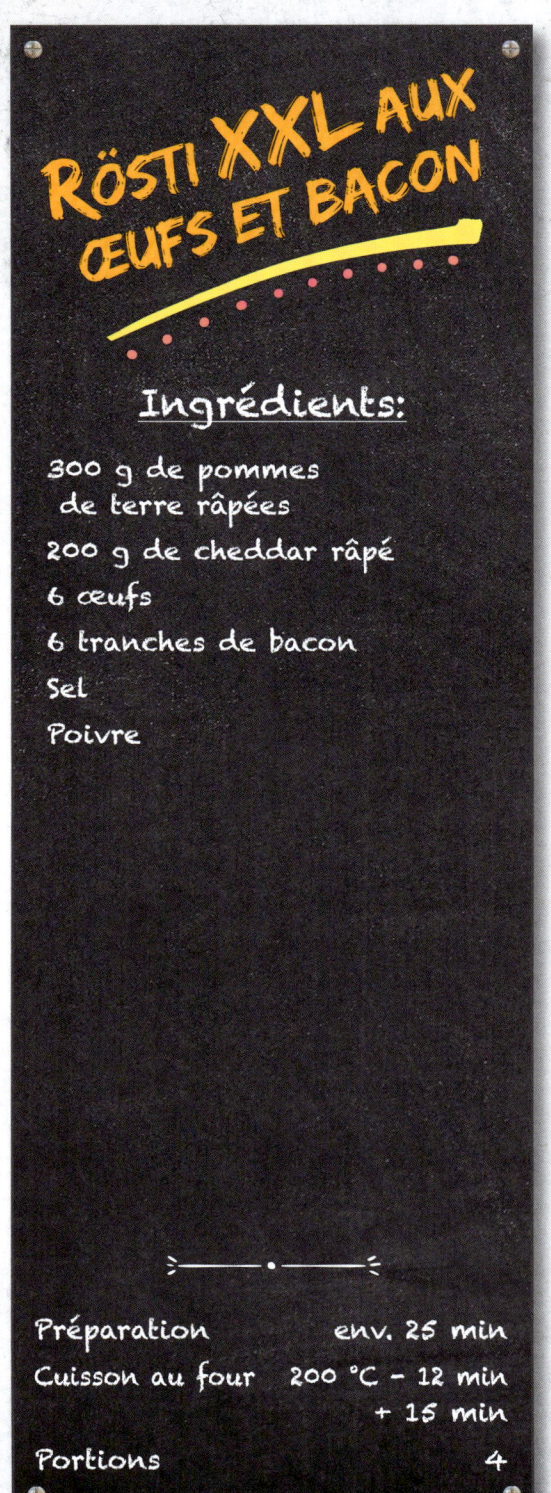

RÖSTI XXL AUX ŒUFS ET BACON

Ingrédients:

300 g de pommes
 de terre râpées

200 g de cheddar râpé

6 œufs

6 tranches de bacon

Sel

Poivre

Préparation	env. 25 min
Cuisson au four	200 °C - 12 min
	+ 15 min
Portions	4

Aux fourneaux !

1. Râpez les pommes de terre dans un saladier. Ajoutez le fromage, 2 œufs, le sel et le poivre et remuez.

2. Étalez votre mélange sur une plaque de cuisson et enfournez pendant 12 min à 200 °C.

3. Pendant ce temps, faites cuire les tranches de bacon dans une poêle et coupez-les ensuite en dés.

4. N'éteignez pas le four après le temps imparti. Étalez le bacon en formant une croix sur le rösti, une fois la cuisson de celui-ci terminée. Vous pouvez aussi faire tout le tour du rösti. Ajoutez enfin 4 œufs entre les branches de la croix et enfournez à nouveau pendant 15 min à la même température que précédemment.

La recette en vidéo: www.bonap.fr/rosti-xxl/

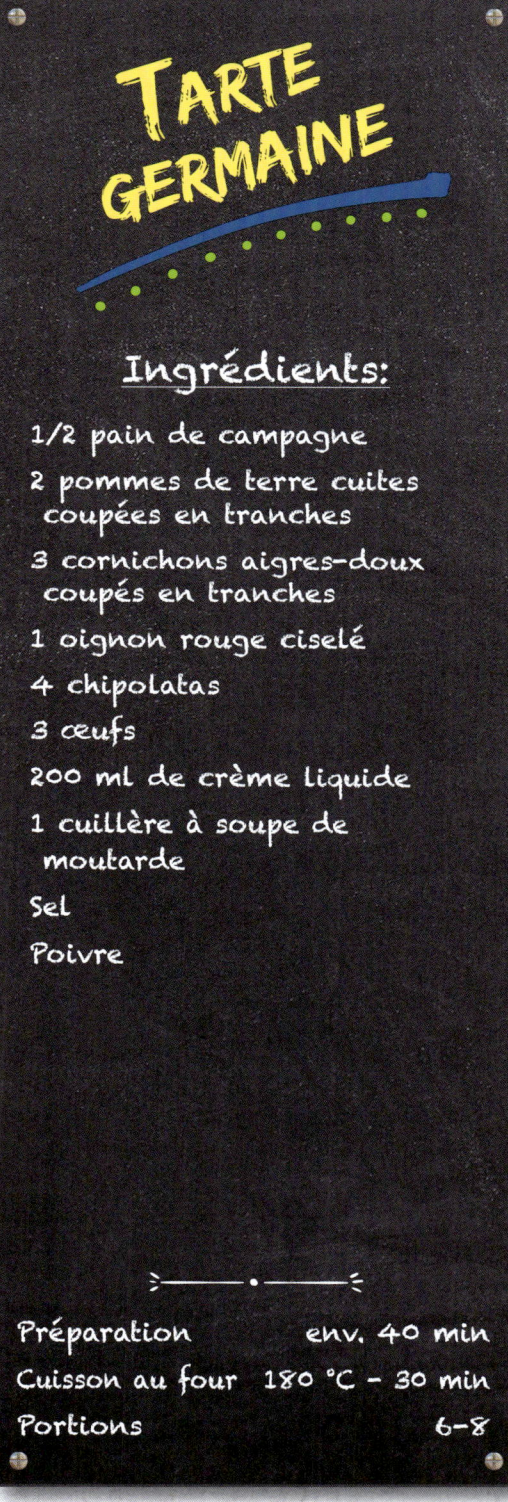

TARTE GERMAINE

Ingrédients:

1/2 pain de campagne

2 pommes de terre cuites coupées en tranches

3 cornichons aigres-doux coupés en tranches

1 oignon rouge ciselé

4 chipolatas

3 œufs

200 ml de crème liquide

1 cuillère à soupe de moutarde

Sel

Poivre

Préparation	env. 40 min
Cuisson au four	180 °C - 30 min
Portions	6-8

Aux fourneaux !

1. Découpez une feuille de papier cuisson de sorte qu'elle s'intègre parfaitement à la dimension de votre plat à tarte, sans oublier les bords.

2. Déposez ensuite le papier cuisson dans le plat et, dans le fond de celui-ci, deux tranches de pain de campagne. Tout autour du plat, faites se chevaucher des demi-tranches de pain. Ajoutez au centre les tranches de pommes de terre.

3. Après avoir ajouté les tranches de cornichons aigres-doux sur les pommes de terre, saupoudrez le tout d'oignon rouge ciselé.

4. Sur le lit de pommes de terre-oignon-cornichons, disposez les chipolatas enroulées sur elles-mêmes.

5. Il ne reste plus qu'à ajouter la sauce crémeuse. Pour cela, mélangez l'œuf, la crème liquide, un peu de sel, de poivre et la moutarde.

6. Versez la sauce sur les chipolatas et enfournez pendant 30 minutes à 180 °C.

 La recette en vidéo: www.bonap.fr/tarte-germaine-a-la-saucisse/

CRÊPES À L'ANGLAISE

Ingrédients:

Huile végétale

3 poivrons
 (rouge, vert, jaune)

1 oignon rouge

3 saucisses

180 g de farine

3 œufs

180 ml de lait

110 ml d'eau

1 pincée de sel

Préparation   env. 30 min

Cuisson au four   220 °C - 20 min

Portions   4-6

Aux fourneaux !

1. Mettez de l'huile dans une grande poêle en fonte et enfournez-la pendant 10 minutes à 220 °C, à chaleur tournante.

2. Coupez les légumes en tranches moyennement fines puis faites-les revenir. Faites également cuire les saucisses et coupez-les en morceaux.

3. Dans un saladier, mélangez avec un fouet la farine, les œufs, l'eau, le lait et le sel.

4. Versez la pâte dans la poêle en fonte puis ajoutez les légumes et les morceaux de saucisse par-dessus.

5. Enfournez le tout pendant 20 minutes à 220 °C, à chaleur tournante.

 La recette en vidéo: www.bonap.fr/crepes-anglaises/

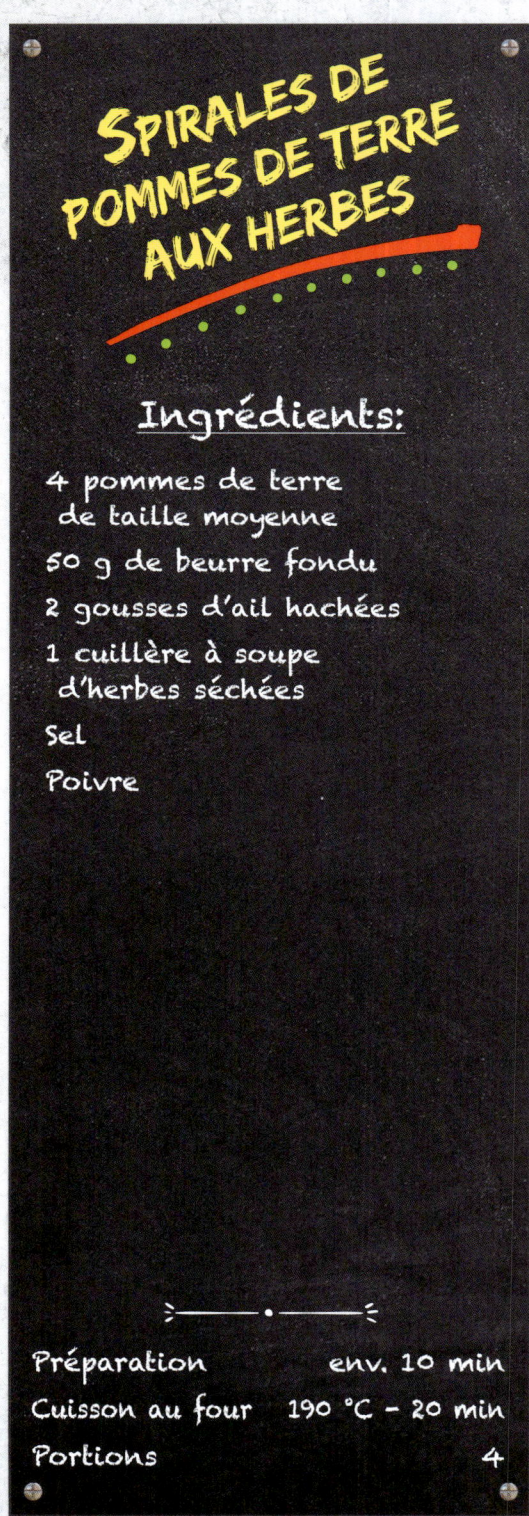

Spirales de pommes de terre aux herbes

Ingrédients :

4 pommes de terre
de taille moyenne

50 g de beurre fondu

2 gousses d'ail hachées

1 cuillère à soupe
d'herbes séchées

Sel

Poivre

Préparation	env. 10 min
Cuisson au four	190 °C – 20 min
Portions	4

Aux fourneaux !

1. Lavez bien les pommes de terre et insérez une brochette en bois dans le sens de la longueur. Vous n'avez pas besoin d'enlever la peau.

2. À l'aide d'un couteau, faites une incision en diagonale sur le dessus de la pomme de terre et tournez-la doucement (et prudemment !) pour faire une spirale. Quand vous avez fini de couper, « étirez » la pomme de terre le long de la brochette pour que les différentes parties s'écartent et forment une spirale.

3. Dans un bol, mélangez le beurre fondu et les herbes et badigeonnez vos spirales avec ce mélange.

4. Vous n'avez plus qu'à enfourner pendant 20 minutes à 190 °C.

 La recette en vidéo: www.bonap.fr/spirales-patate-aux-herbes/

Anneau de hot-dog et sa sauce salsa

Ingrédients:

1 pâte à pizza

60 g de mozzarella râpée

4 saucisses de Strasbourg

Huile d'olive

1/2 oignon

1/2 poivrons jaune, vert et rouge

200 g de sauce salsa (ou sauce tomate)

Préparation   env. 20 min

Cuisson au four   190 °C - 18 min

Portions   4-6

Aux fourneaux !

1. Déroulez votre pâte sur une feuille de papier cuisson si elle n'est pas déjà incluse dans le paquet. Sur celle-ci, saupoudrez la mozzarella râpée en formant un cercle à quelques centimètres du bord de la pâte et en laissant un espace au milieu.

2. Coupez les saucisses en deux et déposez-les sur le cercle de mozzarella.

3. En partant des bords extérieurs, faites huit encoches qui viennent finir leur course entre chaque saucisse, le but étant ensuite de recouvrir les saucisses avec les morceaux de pâte découpés.

4. Quand l'extrémité de la pâte est sur les saucisses, vous avez maintenant une sorte de disque. Pensez à presser la pâte en son centre pour qu'elle ne se décolle pas lors de la cuisson. Coupez chaque saucisse en deux ainsi qu'entre chaque saucisse pour avoir seize sections. Lorsque cette étape est réalisée, retournez chacune de vos sections vers l'extérieur, de sorte à ce que les saucisses soient désormais visibles. Il est possible que vous deviez resserrer la pâte entre elles.

5. Passons à la sauce salsa : faites chauffer un peu d'huile d'olive dans une poêle et ajoutez le demi-oignon et les demi-poivrons coupés grossièrement. Faites revenir légèrement, intégrez la sauce salsa aux ingrédients et mélangez le tout.

6. Versez votre préparation au milieu de votre anneau de saucisses et enfournez pendant 18 minutes à 190 °C, à chaleur tournante.

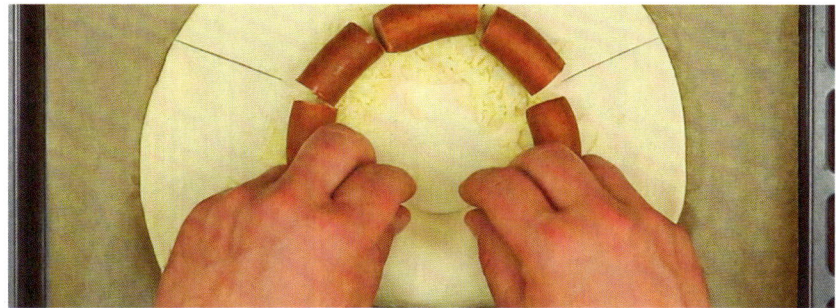

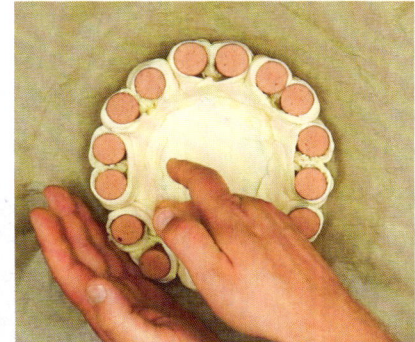

97

 La recette en vidéo: www.bonap.fr/anneau-hotdog-sauce-salsa/

LASAGNES DANS LEUR COQUE DE BACON

Ingrédients:

POUR LA COQUE

30 tranches de bacon
6 feuilles de lasagne
200 g de mozzarella râpée

POUR LA SAUCE BOLOGNAISE

Huile d'olive
250 g de bœuf haché
1 oignon
2 gousses d'ail
1 c. à c. de thym
1 c. à c. de romarin
1 c. à c. d'origan
300 ml de sauce tomate

POUR LA SAUCE BÉCHAMEL

30 g de beurre
30 g de farine
400 ml de lait
1 pincée de sel
1 pincée de poivre
1 pincée de noix de muscade

Préparation   env. 35 min
Cuisson au four 180 °C - 40 min
Portions   6-8

Aux fourneaux !

1. Prenez un moule à cake et déposez des tranches de bacon dans le fond et sur les bords (elles doivent se chevaucher légèrement) de façon à pouvoir les replier plus tard. Placez ensuite deux feuilles de lasagne par-dessus la base de bacon.

2. Pour la sauce bolognaise, faites revenir la viande hachée dans une poêle avec de l'huile d'olive puis ajoutez le reste des ingrédients et laissez mijoter jusqu'à ce que la sauce s'épaississe.

3. Pour la sauce béchamel, faites fondre le beurre et incorporez d'abord la farine puis le lait tout en battant avec un fouet. Laissez mijoter le tout puis ajoutez le sel, le poivre et la noix de muscade. Remuez régulièrement pour éviter les grumeaux et attendez que le tout s'épaississe également.

4. Versez un peu de sauce béchamel sur les feuilles de lasagne dans le plat. Saupoudrez le tout de mozzarella râpée que vous recouvrez d'un peu de sauce bolognaise. Déposez à nouveau deux feuilles de lasagne et recommencez le processus. Refaites-le une troisième fois et terminez par la mozzarella.

5. Repliez toutes les tranches de bacon du bord sur la mozzarella de façon à ce qu'on ne la voit plus du tout.

6. Enfournez le tout pendant 40 minutes à 180 °C et servez.

99

La recette en vidéo: www.bonap.fr/lasagne-coque-bacon/

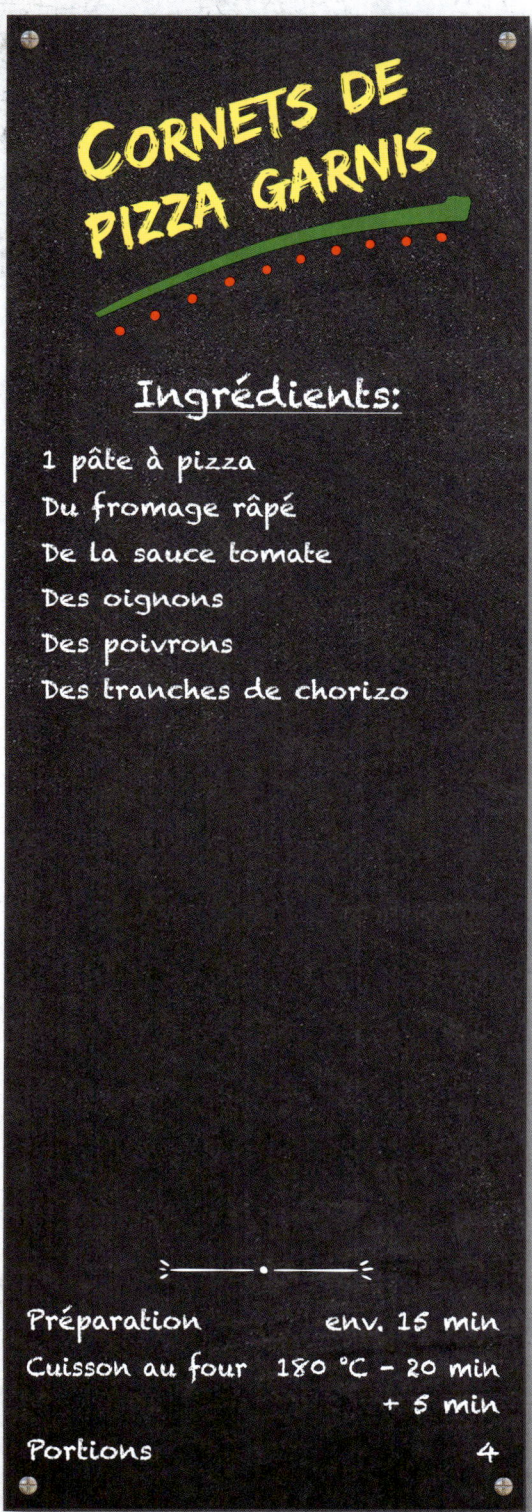

CORNETS DE PIZZA GARNIS

Ingrédients:

1 pâte à pizza

Du fromage râpé

De la sauce tomate

Des oignons

Des poivrons

Des tranches de chorizo

Préparation   env. 15 min

Cuisson au four   180 °C – 20 min
                              + 5 min

Portions   4

Aux fourneaux !

1. Pliez une feuille A4 deux fois en deux. Prenez l'un des coins supérieurs pour le ramener sur le côté d'en face de sorte à avoir un triangle à angle droit. Pliez en deux en partant du coin inférieur droit pour donner la forme d'un cône. Ouvrez le cornet et pliez à l'intérieur le bout de papier qui dépasse. Faites-en 4, et enroulez-les de papier sulfurisé.

2. Coupez la pâte à pizza en 4 parts égales et enroulez chacune d'elle autour d'un cornet.

3. Posez les cornets de pâte sur une plaque allant au four et faites cuire pendant 20 minutes à 180 °C. Quand ils auront un peu refroidis, enlevez leur moule de papier.

4. Pour faire tenir les cornets sur leur pointe, mettez-les dans un verre. Garnissez ensuite avec une pincée de fromage, un peu de sauce tomate, pourquoi pas une nouvelle pincée de fromage, encore de la sauce, les oignons, les poivrons, les tranches de chorizo. Pour finir le tout, encore une pincée de fromage râpé. Enfournez de nouveau pendant 5 min.

 La recette en vidéo: www.bonap.fr/cornets-pizza/

CORDON BLEU GÉANT

Ingrédients:

4 kg de blancs de poulet

500 g de tranches de fromage

500 g de jambon blanc

500 g de farine

8 œufs

1 kg de chapelure

Huile pour frire

Sel

Poivre

Préparation	env. 45 min + 2 h au frais
Friture	env. 8 min
Au four	140 °C - 60 min
Portions	8-10

Aux fourneaux !

1. Mettez les blancs de poulet entre deux feuilles de film alimentaire et aplatissez-les avec un marteau à viande pour en faire des escalopes.

2. Prenez deux plats rectangulaires que vous recouvrez de film alimentaire. Placez deux escalopes dans le fond de chaque plat puis assaisonnez de sel et de poivre. Déposez des tranches de fromage puis de jambon blanc et rabattez les bords des escalopes par-dessus. Répétez ces étapes deux fois. Pour la dernière couche, ajoutez l'escalope seulement dans l'un des deux plats et finissez juste par le jambon dans l'autre.

3. Déposez l'un des plats sur l'autre afin d'empiler les viandes et enveloppez le tout dans du film alimentaire. Congelez la viande pendant 2 heures.

4. Roulez le bloc de viande dans la farine, dans les œufs puis dans la chapelure.

5. Faites rôtir la viande de tous les côtés puis enfournez à 140 °C pendant 60 minutes, en mode convection.

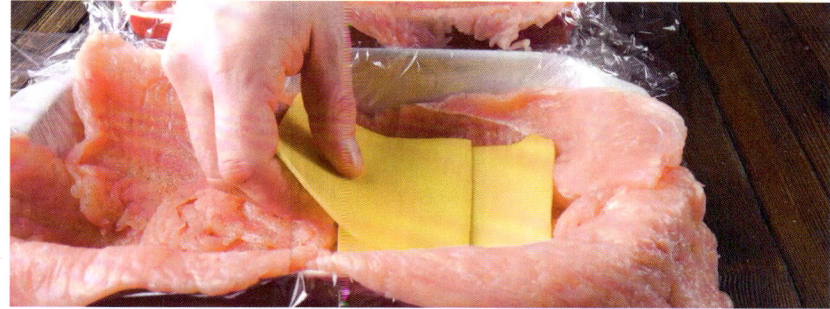

 La recette en vidéo: www.bonap.fr/cordon-bleu-geant/

Burger XXL SANS PAIN

Ingrédients:

14 tranches de lard
500 g de viande hachée
1 c. à c. de sel
1 c. à s. de paprika
1 oignon
100 g de cheddar
100 g de mozzarella
4 c. à s. de persil

Préparation	env. 40 min
Cuisson au four	170 °C - 15 min
À la poêle	env. 12 min
Portions	4-6

Aux fourneaux !

1. Formez un damier avec les tranches de bacon que vous enfournez à 170 °C pendant 15 minutes. Posez une petite assiette sur le damier et découpez les bords afin de lui donner une forme ronde.

2. Mélangez la viande hachée avec le sel et le paprika puis divisez-la en deux. Formez deux galettes. Faites revenir l'oignon dans l'huile pendant ce temps-là.

3. Répartissez la moitié des oignons, du cheddar, de la mozzarella et du persil sur une galette de viande. Placez le damier de bacon par-dessus puis répartissez le reste des ingrédients précédents.

4. Placez la seconde galette sur la première puis fermez les bords. Faites cuire à la poêle entre 10 et 12 minutes.

5. Vous pouvez placer un morceau de ce burger entre deux tranches de pain pour les plus gourmands ou à côté d'une salade pour les plus raisonnables.

 La recette en vidéo: www.bonap.fr/burger-xxl-sans-pain/

Avocat Suprise

Ingrédients:

1 avocat

1 œuf poché

5 tranches de lard

Huile

Préparation   env. 15 min

Cuisson   env. 5 min

    + env. 7 min

Portion   1

Aux fourneaux !

1. Coupez votre avocat en deux. À l'aide d'une cuillère à soupe, retirez un peu du centre du fruit. Toujours avec votre cuillère, retirez en un seul morceau l'avocat de sa peau

2. Faites chauffer de l'eau pour faire cuire votre œuf poché. Pour ce faire, déposez une feuille de film alimentaire au-dessus d'un petit bol et cassez l'œuf dedans. Nouez ensuite le film pour que votre œuf se retrouve dans une petite poche. Plongez l'œuf dans l'eau frémissante pendant 4 minutes pour avoir l'œuf poché parfait.

3. Quand votre œuf est cuit, retirez-le délicatement de sa poche plastique et déposez-le dans l'une des moitiés de l'avocat. Refermez avec la seconde moitié.

4. Enroulez maintenant les tranches de lard autour de l'avocat en recouvrant chaque partie visible de celui-ci.

5. Faites chauffer de l'huile dans une poêle et déposez l'avocat surprise dedans jusqu'à ce que le manteau devienne croustillant. Pensez à remuer de temps en temps pour avoir une cuisson homogène et éviter de faire coller à la poêle.

 La recette en vidéo: www.bonap.fr/avocat-surprise/

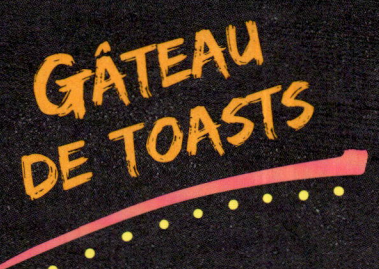

GÂTEAU DE TOASTS

Ingrédients:

POUR LE GÂTEAU

21 tranches de pain de mie

2 blancs de poulet

200 g de fromage frais

75 g de maïs

75 g de petits pois

150 ml de ketchup

1 c. à s. d'huile

Sel

Poivre

POUR LA GARNITURE

100 g de mozzarella

75 g de parmesan

Préparation   env. 45 min

Cuisson au four   180 °C - 15 min

Portions   6-8

Aux fourneaux !

1. Faites cuire les blancs de poulet et émiettez-les avec des griffes à viande.

2. Mettez le poulet dans un saladier et ajoutez le sel, le poivre, le maïs et les petits pois puis mélangez bien.

3. Graissez un moule à charnière (24 cm) avec de l'huile puis coupez les croûtes de chacune des 21 tranches de pain de mie.

4. Placez 7 tranches à la verticale sur les bords du moule. Découpez des triangles avec les tranches restantes et disposez-les dans le fond du moule.

5. Étalez la moitié du ketchup sur les triangles de pain de mie. Par-dessus, ajoutez la moitié du fromage frais et la moitié du mélange au poulet.

6. Répétez ces étapes une fois (pain, ketchup, fromage frais, poulet). Conservez environ sept cuillères à soupe de fromage frais.

7. Saupoudrez de mozzarella et de parmesan puis déposez les sept cuillères à soupe de fromage frais par-dessus, en rond.

8. Pliez les tranches de pain de mie vers le sommet du gâteau (le fromage frais aide à coller).

9. Enfournez le tout à 180 °C pendant 15 minutes et servez.

 La recette en vidéo: www.bonap.fr/tarte-toasts/

109

BOUCHÉES DE PATATAS BRAVAS

Ingrédients:

POUR LES PATATAS BRAVAS

2 pommes de terre

2 tomates

1/2 oignon

3 gousses d'ail

1 c. à s. de piment

1 c. à c. de paprika

Sel

Persil

POUR L'AÏOLI

1 œuf

100 ml d'huile d'olive

1 gousse d'ail

Sel

Préparation	env. 30 min
Cuisson	4 min
Friture	3-4 min
Portions	4

Aux fourneaux !

1. Coupez les quatre côtés des pommes de terre puis formez quatre cylindres à l'aide d'un emporte-pièce rond. Évidez légèrement les cylindres avec la pointe d'un économe (n'allez pas jusqu'au fond). Vous pouvez utiliser le reste des pommes de terre pour un autre plat.

2. Faites-les bouillir dans l'eau pendant 4 minutes puis dans l'huile (160 °C) pendant 3-4 minutes.

3. Faites une croix sur le dessous de chaque tomate et déposez-les dans de l'eau chaude puis dans de l'eau glacée. La peau va se retirer très facilement. Enlevez ensuite la pulpe et découpez le reste en dés.

4. Faites revenir les oignons, l'ail, le piment et le paprika dans une poêle. Versez les tomates et saupoudrez de sel si nécessaire.

5. Pour l'aïoli, mélangez les ingrédients dans un saladier avec un mixeur plongeant.

6. Remplissez les pommes de terre avec la mixture aux tomates et recouvrez d'aïoli à l'aide d'une poche à douille. Saupoudrez de persil.

 La recette en vidéo: www.bonap.fr/patatas-bravas-espagne/

CHOU BLANC RECOUVERT DE VIANDE HACHÉE

Ingrédients:

POUR LA VIANDE HACHÉE

1,2 kg de viande hachée

2 œufs

50 g de chapelure

2 c. à s. de moutarde

2 oignons

1 c. à c. de sel

1/2 c. à c. de poivre

1/2 c. à c. de cumin moulu

1 gousse d'ail

30 g de persil

AUSSI

1 chou blanc

100 g de fromage

100 g de miel

1 c. à c. de paprika

100 ml d'huile de colza

Préparation	env. 30 min
Cuisson	20 min
Au four	160 °C - 60 min
Portions	6-8

Aux fourneaux !

1. Mettez tous les ingrédients pour assaisonner la viande hachée dans un grand saladier et malaxez bien le tout.

2. Mettez le chou entier dans une grande casserole d'eau et faites-le bouillir pendant environ 20 minutes.

3. Coupez la tige du chou cuit de façon circulaire pour creuser un trou assez profond dans le chou.

4. Ajoutez la viande hachée puis mettez le bâtonnet de fromage au milieu du mélange. Recouvrez ensuite entièrement le chou avec la viande hachée.

5. Mélangez une marinade de miel, de paprika et d'huile de colza que vous étalez sur la viande. Cuisez au four à 160 °C pendant 60 minutes.

 La recette en vidéo: www.bonap.fr/boule-au-chou-hyper-proteine/

CORDON BLEU DANS SA SAUCE TOMATE

Ingrédients:

3 blancs de poulet

140 g de mozzarella râpée

Farine

2 œufs battus

Chapelure

400 ml de sauce tomate

100 g de parmesan râpé

2 c. à s. de basilic

Sel

Huile

Préparation	env. 30 min
Cuisson	env. 10 min
Au four	180 °C - 20 min
Portions	3

Aux fourneaux !

1. Salez votre plan de travail puis déposez-y vos blancs de poulet, que vous assaisonnez aussi avec du sel. Faites une entaille dans les blancs puis farcissez de mozzarella.

2. Roulez les blancs de poulet farcis dans une grande quantité de farine, d'œufs puis de chapelure. Assurez-vous d'avoir une couche uniforme et épaisse.

3. Faites frire les blancs de poulet panés dans de l'huile chaude jusqu'à ce qu'ils soient dorés des deux côtés.

4. Remplissez un plat à gratin cvec environ les trois quarts de la sauce tomate et placez les blancs de poulet frits sur le dessus. Étalez le reste de la sauce tomate sur la viande.

5. Saupoudrez de parmesan et de basilic et enfournez le plat à 180 °C pendant 20 minutes.

 La recette en vidéo: www.bonap.fr/gratin-de-cordon-bleu/

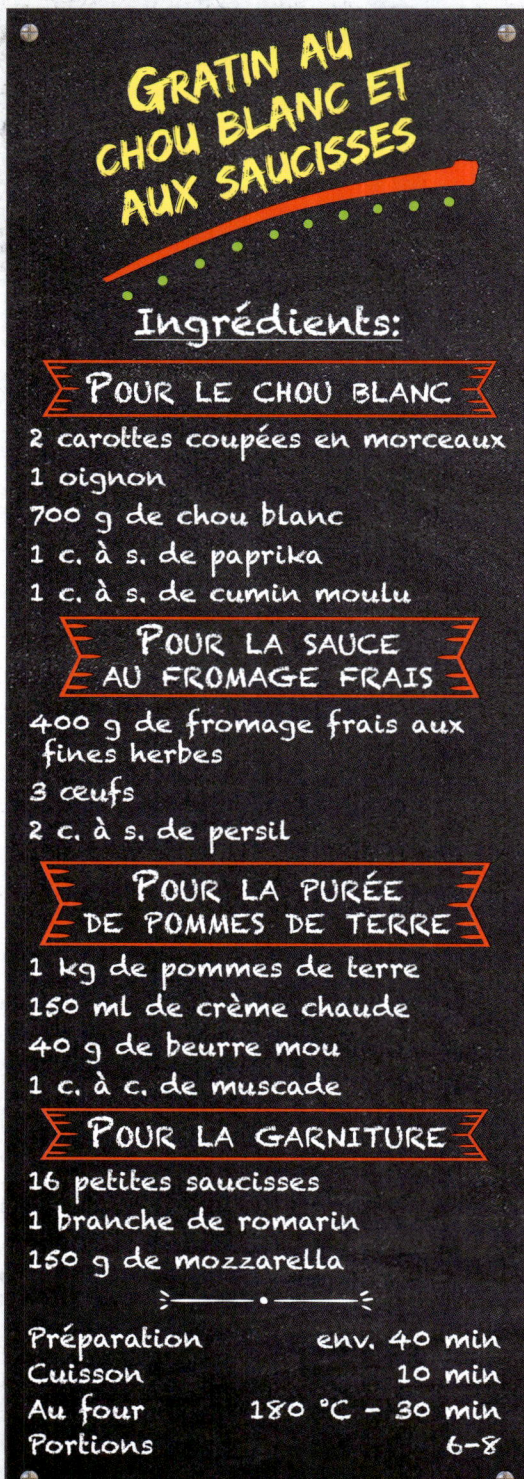

GRATIN AU CHOU BLANC ET AUX SAUCISSES

Ingrédients:

POUR LE CHOU BLANC

2 carottes coupées en morceaux
1 oignon
700 g de chou blanc
1 c. à s. de paprika
1 c. à s. de cumin moulu

POUR LA SAUCE AU FROMAGE FRAIS

400 g de fromage frais aux fines herbes
3 œufs
2 c. à s. de persil

POUR LA PURÉE DE POMMES DE TERRE

1 kg de pommes de terre
150 ml de crème chaude
40 g de beurre mou
1 c. à c. de muscade

POUR LA GARNITURE

16 petites saucisses
1 branche de romarin
150 g de mozzarella

Préparation	env. 40 min
Cuisson	10 min
Au four	180 °C - 30 min
Portions	6-8

Aux fourneaux !

1. Faites chauffer suffisamment d'huile dans une grande poêle puis faites revenir brièvement les cubes de carottes et d'oignons. Ajoutez ensuite le chou haché et les épices puis mélangez soigneusement. Mettez le couvercle et laissez mijoter pendant 10 minutes. Retirez ensuite la poêle du feu.

2. Pour la sauce au fromage frais, mélangez le fromage avec les œufs, le sel, le poivre et le persil jusqu'à l'obtention d'une consistance crémeuse.

3. Préparez la purée de pommes de terre en ajoutant la crème, le beurre et les épices aux pommes de terre encore chaudes. Transformez le tout en purée avec un presse-purée ou une fourchette.

4. Prenez un moule résistant à la chaleur, versez-y la purée et lissez-la. Étalez uniformément le chou par-dessus. Versez la sauce au fromage sur les légumes et saupoudrez le tout de mozzarella.

5. Chauffez à nouveau l'huile dans une poêle et ajoutez-y les saucisses. Agrémentez de thym puis faites cuire jusqu'à ce que les saucisses soient dorées. Placez ensuite les saucisses sur la mozzarella.

6. Enfin, enfournez le tout pendant 30 minutes à 180 °C, à chaleur tournante.

La recette en vidéo: www.bonap.fr/gratin-chou-blanc-saucisse/

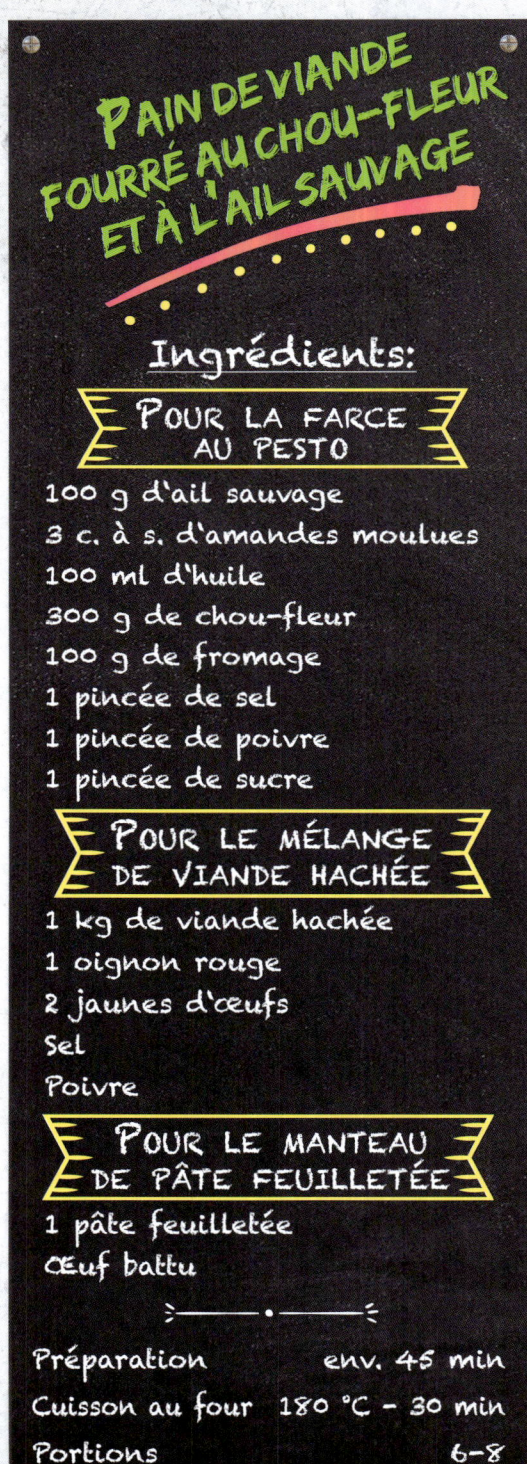

PAIN DE VIANDE FOURRÉ AU CHOU-FLEUR ET À L'AIL SAUVAGE

Ingrédients :

POUR LA FARCE AU PESTO

100 g d'ail sauvage

3 c. à s. d'amandes moulues

100 ml d'huile

300 g de chou-fleur

100 g de fromage

1 pincée de sel

1 pincée de poivre

1 pincée de sucre

POUR LE MÉLANGE DE VIANDE HACHÉE

1 kg de viande hachée

1 oignon rouge

2 jaunes d'œufs

Sel

Poivre

POUR LE MANTEAU DE PÂTE FEUILLETÉE

1 pâte feuilletée

Œuf battu

Préparation   env. 45 min

Cuisson au four   180 °C - 30 min

Portions   6-8

Aux fourneaux !

1. Pour le pesto, coupez les feuilles d'ail sauvage, mettez-les dans un grand récipient et ajoutez le reste des ingrédients. Réduisez le tout en purée avec un mixeur plongeant.

2. Coupez le chou-fleur en gros bouquets et mettez-les dans un saladier. Versez le pesto dessus et mélangez soigneusement.

3. Dans un autre saladier, mélangez à la main la viande hachée avec l'oignon, le jaune d'œuf, le sel et le poivre.

4. Étalez du film alimentaire sur la surface de travail et répartissez environ la moitié de viande au milieu. Formez un rectangle et pressez un peu le mélange.
   Disposez les cubes de fromage uniformément sur le dessus de la viande puis ajoutez les fleurons de chou-fleur sur le fromage.
   Posez le reste de la viande hachée par-dessus. Ensuite, enveloppez le pain de viande dans le film alimentaire.

5. Placez maintenant la pâte feuilletée sur une plaque à pâtisserie recouverte de papier sulfurisé. Retirez le film alimentaire du pain de viande et placez-le au milieu de la pâte.
   Retirez les 4 coins de la pâte. Faites plusieurs incisions sur les longueurs, à une distance d'environ 2 cm. Étalez l'œuf sur la pâte.

6. Repliez les morceaux de pâte : d'abord les extrémités, puis placez les lanières de pâte les unes après les autres. Étalez à nouveau l'œuf sur la pâte.

7. Maintenant, enfournez le tout pendant 30 minutes à 180 °C, à chaleur tournante.

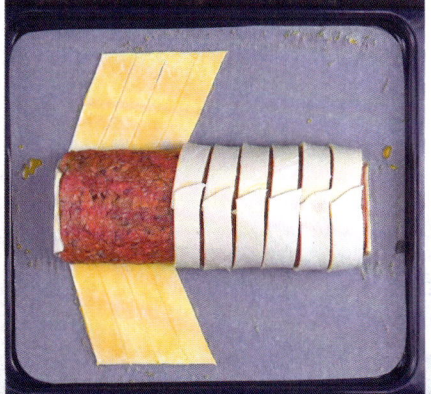

 La recette en vidéo: www.bonap.fr/pain-de-viande-au-chou-fleur/

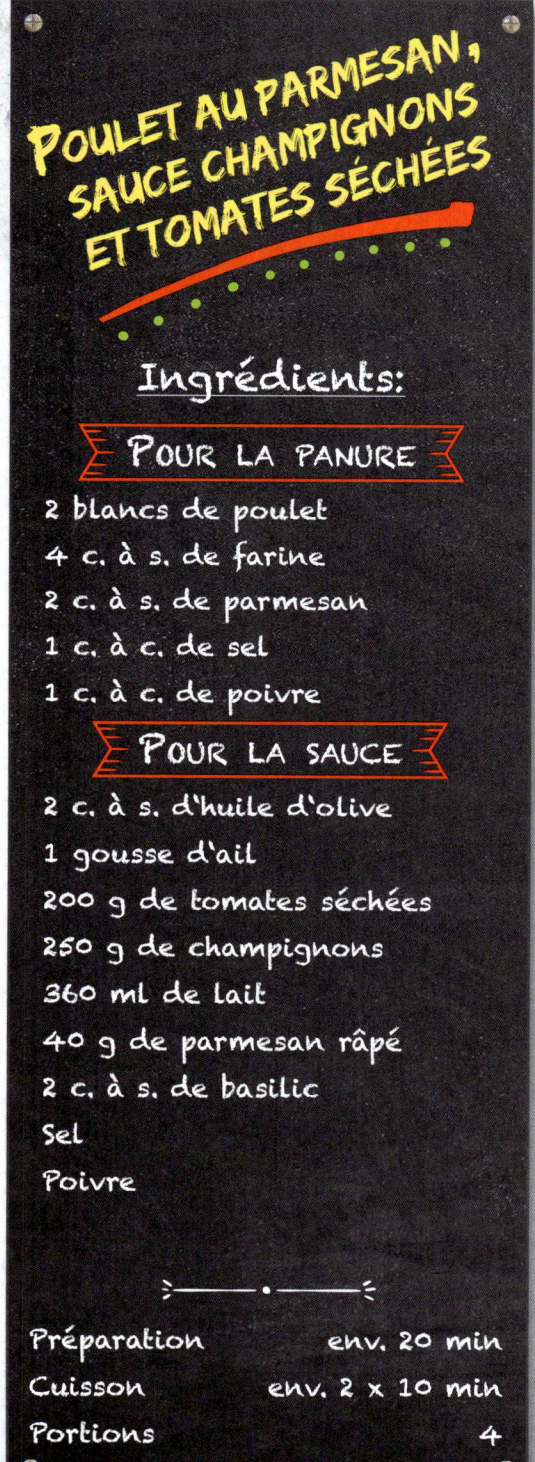

Poulet au parmesan, sauce champignons et tomates séchées

Ingrédients :

Pour la panure

2 blancs de poulet

4 c. à s. de farine

2 c. à s. de parmesan

1 c. à c. de sel

1 c. à c. de poivre

Pour la sauce

2 c. à s. d'huile d'olive

1 gousse d'ail

200 g de tomates séchées

250 g de champignons

360 ml de lait

40 g de parmesan râpé

2 c. à s. de basilic

Sel

Poivre

Préparation	env. 20 min
Cuisson	env. 2 x 10 min
Portions	4

Aux fourneaux !

1. Pour la panure au fromage, mélangez la farine, le parmesan, le sel et le poivre.

2. Coupez les blancs de poulet en deux dans le sens de la longueur et roulez-les dans la chapelure.

3. Chauffez l'huile d'olive et faites cuire le poulet jusqu'à ce qu'il soit bien doré. Retirez-le du feu et tamponnez la poêle avec de l'essuie-tout pour enlever un peu d'huile.

4. Faites revenir l'ail et les tomates séchées dans la poêle. Ajoutez ensuite les champignons, puis le lait une fois que ces derniers sont cuits. Portez la sauce à ébullition et saupoudrez de parmesan. Assaisonnez selon votre goût avec du sel et du poivre.

5. Enfin, remettez les poitrines de poulet dans la poêle remplie de sauce et saupoudrez le tout de basilic.

 La recette en vidéo: www.bonap.fr/escalopes-de-poulet-en-sauce/

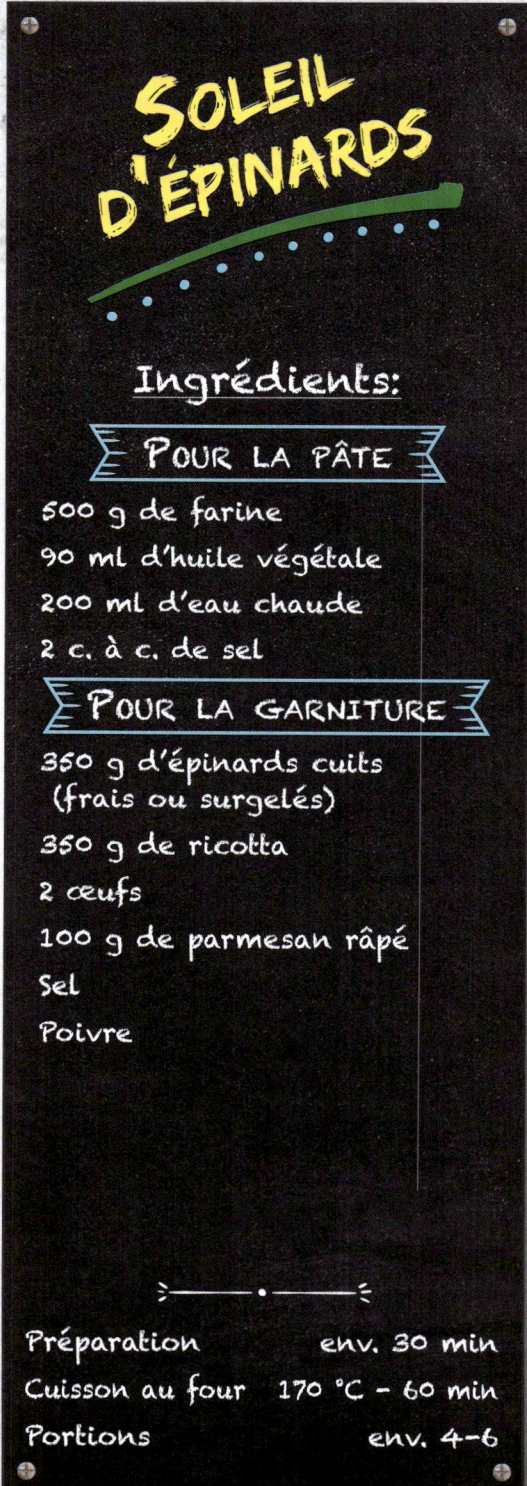

Soleil d'Épinards

Ingrédients:

Pour la pâte

500 g de farine

90 ml d'huile végétale

200 ml d'eau chaude

2 c. à c. de sel

Pour la garniture

350 g d'épinards cuits
(frais ou surgelés)

350 g de ricotta

2 œufs

100 g de parmesan râpé

Sel

Poivre

Préparation   env. 30 min

Cuisson au four   170 °C - 60 min

Portions   env. 4-6

Aux fourneaux !

1. Commençons par la pâte : versez tous ses ingrédients dans un saladier et mélangez à la main pour avoir une consistance bien ferme. Faites une grosse boule que vous séparez en deux et étalez-les en rond avec un rouleau à pâtisserie..

2. Pour la garniture, mélangez les épinards (préalablement cuits) avec la ricotta, un œuf, le parmesan râpé, le sel et le poivre. Prenez les deux tiers de ce mélange et déposez-les au milieu de l'une de vos pâtes aplaties. Le dernier tiers est déposé tout autour du dôme en laissant un espace de quelques centimètres entre les deux.

3. Badigeonnez les parties visibles de la pâte avec un jaune d'œuf et recouvrez le tout avec la deuxième moitié de pâte laissée de côté. Pressez les deux pâtes avec une fourchette pour qu'elles tiennent bien entre elles.

4. Coupez des bandes en partant de l'intérieur de la couronne vers l'extérieur. Pour avoir des parts égales, coupez d'abord la pâte en quatre, puis chaque quart en trois, et enfin chaque tiers en deux. Ce qui vous donne 24 petites parts en tout. Retournez ensuite chaque bande d'un quart de tour pour avoir les épinards sur le dessus.

5. Badigeonnez les parties de la pâte encore visibles avec le reste de votre jaune d'œuf et enfournez pendant une heure à 170 °C.

 La recette en vidéo: www.bonap.fr/soleil-epinards/

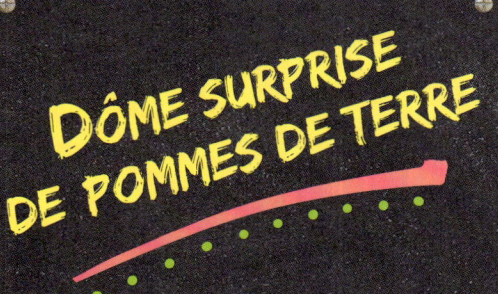

DÔME SURPRISE DE POMMES DE TERRE

Ingrédients:

2 c. à s. de beurre mou

env. 1,5 kg de pommes
de terre à chair farineuse

500 ml de crème liquide

9 tranches d'emmental

12 tranches de bacon

pâte feuilletée

1 œuf battu

30 g de parmesan râpé

Sel

Poivre

Préparation	env. 30 min
Cuisson au four	160 °C - 90 min
Portions	6-8

Aux fourneaux !

1. Graissez un saladier allant au four avec du beurre et mettez-le au frais quelques minutes.

2. Coupez les pommes de terre en tranches fines que vous mettez dans un autre saladier. Salez et poivrez bien. Versez ensuite la crème liquide et mélangez.

3. Tapissez le saladier graissé avec les tranches de pommes de terre. D'abord le fond avec une seule tranche, puis rangée par rangée jusqu'au bord. Ensuite, placez une autre couche de tranches de pommes de terre au fond du saladier.

4. Recouvrez la dernière couche de pommes de terre de deux tranches d'emmental. Ajoutez une couche de bacon puis des tranches de pommes de terre. Disposez ensuite deux autres couches de fromage, de bacon et de pommes de terre.

5. Enfin, déposez sur le dessus une tranche de pâte feuilletée coupée avec précision et enduisez-la d'œuf. Cuisez au four à 190 °C pendant 90 minutes.

6. Quelques minutes avant la fin de la cuisson, versez le reste de la crème dans une casserole. Ajoutez le parmesan et le poivre puis faites-les bouillir à nouveau jusqu'à ce que le fromage soit complètement fondu. Versez la sauce à la crème sur le dôme de pommes de terre.

 La recette en vidéo: www.bonap.fr/dome-de-pommes-de-terre/

COURONNES DE PAIN DE MIE

Ingrédients:

13-15 tranches de pain de mie

Pour la variante 1, TOAST RING POULET BBQ

500 g d'escalope de poulet

150 ml de sauce BBQ

150 g de cheddar râpé

Pour la variante 2, TOAST RING HAWAÏEN

300 g de jambon blanc

2 conserves d'ananas en tranches

250 g de tranches de fromage

Pour la variante 3, TOAST RING AUX PRUNES

100 ml de lait

2 œufs

2 c. à s. de sucre

1/2 c. à c. de cannelle

150 g de confiture de prunes

Pour la variante 4 TOAST RING BACON-BRIE

200 g de bacon

300 g de brie

2 poires tranchées

:— —•— —:

Préparation	env. 20 min
Cuisson au four	180 °C
	+ 15-18 min
Portions	env. 13-15

Aux fourneaux !

Pour chacune des variantes, déposez les tranches de pain de mie en rond (se chevauchant les unes les autres) dans une grande assiette.

1. Le toast ring poulet BBQ

Faites cuire les escalopes puis mélangez-les dans la sauce BBQ après les avoir émiettées. Déposez ensuite les morceaux de poulet entre les tranches de pain de mie et saupoudrez le tout de cheddar.

2. Le toast hawaïen

Placez une tranche de jambon blanc, une rondelle d'ananas et une tranche de fromage entre chaque tranche de pain grillé.

3. Le toast ring aux prunes

Fouettez le lait, les œufs, le sucre et la cannelle. Versez le tout sur la couronne de pain de mie puis versez de la confiture de prunes par-dessus.

4. Le toast ring bacon-brie

Placez une tranche de bacon, deux tranches de poires puis 2 morceaux de brie entre chaque tranche de pain grillé.

Enfin, enveloppez le tout dans du papier aluminium puis enfournez à 180 °C pendant 18 minutes.

 La recette en vidéo: www.bonap.fr/quatre-toast-ring/

3 DÉLICES DE POMMES DE TERRE

Ingrédients:

POMMES DE TERRE PERSILLÉES

11 pommes de terre
2 c. à s. d'huile d'olive
1 c. à c. de romarin
1 c. à c. de thym
2 gousses d'ail
Sel
1 c. à s. de beurre
300 ml de bouillon de poule
1 c. à s. de persil

FONDANT DE POMMES DE TERRE

4 pommes de terre
Sel et poivre
1 branche de thym
1 c. à s. de beurre
200 ml de bouillon de légumes

ÉCRASÉ DE POMMES DE TERRE

9 pommes de terre
Sel et poivre
3 c. à s. d'huile d'olive
1 c. à c. de romarin

Préparation	env. 5 min
Friture	env. 10-15 min
Cuisson	env. 10-15 min
Cuisson au four	env. 15-30 min

Aux fourneaux !

Pommes de terre persillées

1. Mettez les pommes de terre entières dans une poêle avec l'huile d'olive, le romarin, le thym, le sel et le beurre.

2. Versez le bouillon et laissez cuire jusqu'à ce que ce dernier réduise et que les pommes de terre deviennent tendres.

3. Pressez les pommes de terre à l'aide d'une autre poêle puis faites-les dorer de chaque côté.

4. Saupoudrez le tout de persil avant de servir.

Fondant de pommes de terre

1. Pelez et coupez les pommes de terre en forme de cylindre.

2. Coupez les cylindres en deux et faites-les frire dans une poêle (sur les deux extrémités) et ajoutez du sel et du poivre.

3. Tournez les pommes de terre et ajoutez le beurre et le thym.

4. Versez le bouillon puis laissez bouillir brièvement.

5. Enfournez le tout à 200 °C pendant 30 minutes.

Écrasé de pommes de terre

1. Tout d'abord, faites bouillir les pommes de terre dans l'eau salée.

2. Versez l'huile d'olive sur une plaque allant au four et placez les pommes de terre dessus, que vous écrasez ensuite avec votre poing.

3. Saupoudrez les pommes de terre écrasées d'huile d'olive, de sel, de poivre et de romarin puis enfournez pendant 15 minutes à 200 °C. Ajoutez une cuillère de crème aigre sur chaque pomme de terre avant de servir.

 La recette en vidéo: www.bonap.fr/trois-recettes-pdt/

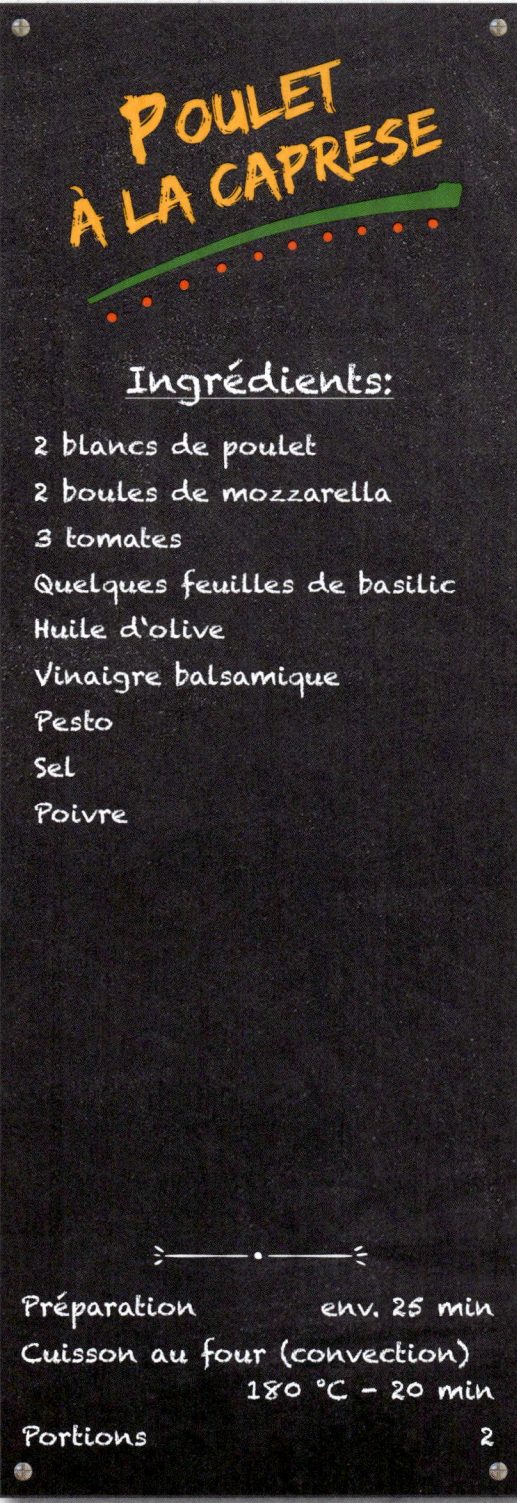

POULET À LA CAPRESE

Ingrédients:

2 blancs de poulet

2 boules de mozzarella

3 tomates

Quelques feuilles de basilic

Huile d'olive

Vinaigre balsamique

Pesto

Sel

Poivre

Préparation   env. 25 min

Cuisson au four (convection)
                              180 °C - 20 min

Portions   2

Aux fourneaux !

1. Faites 4 entailles dans chaque blanc de poulet en prenant soin de ne pas les trancher entièrement. Coupez les boules de mozzarella en deux puis coupez-les en tranches. Coupez une tomate en quartiers puis retirez-en la pulpe et coupez à nouveau en deux.

2. Déposez une feuille de basilic sur un morceau de tomate et terminez par une tranche de mozzarella puis mettez le tout dans une entaille de blanc de poulet. Ensuite, assaisonnez de sel, de poivre et de filet d'huile d'olive. Enfournez le tout à 180 °C pendant 20 minutes.

3. Coupez le fond des deux tomates restantes afin qu'elles soient stables sur le plan de travail. De la même façon que pour le poulet, faites 4 entailles dans les tomates et ajoutez-y du basilic et de la mozzarella. Saupoudrez de sel, de poivre, d'huile d'olive et de vinaigre balsamique.

4. Servez les tomates avec le poulet et pour sublimer le tout, versez du pesto sur les blancs de poulet.

 La recette en vidéo: www.bonap.fr/poulet-a-la-caprese/

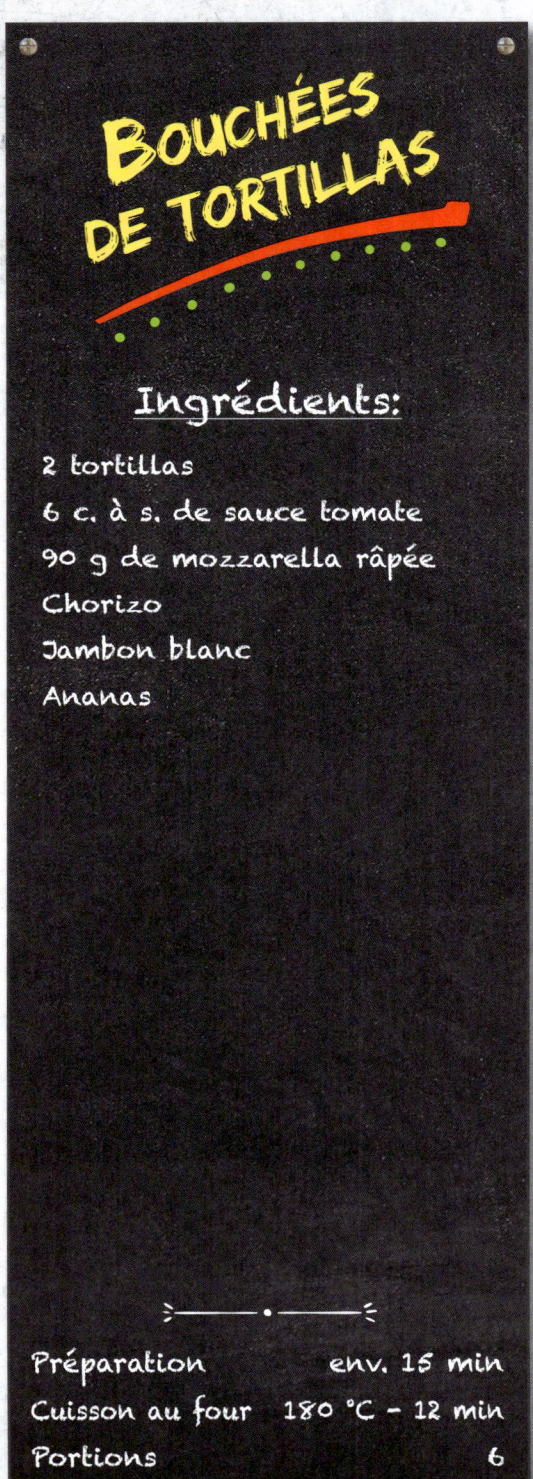

BOUCHÉES DE TORTILLAS

Ingrédients:

2 tortillas

6 c. à s. de sauce tomate

90 g de mozzarella râpée

Chorizo

Jambon blanc

Ananas

Préparation	env. 15 min
Cuisson au four	180 °C - 12 min
Portions	6

Aux fourneaux !

1. À l'aide d'un petit bol et d'un couteau, coupez trois cercles à partir des tortillas et pressez-les dans un moule à muffins.

2. Ajoutez une cuillère de sauce tomate dans chaque tortillas puis de la mozzarella râpée.

3. Garnissez avec du chorizo ou une combinaison jambon blanc-ananas par exemple. Enfournez pendant 12 minutes à 180 °C.

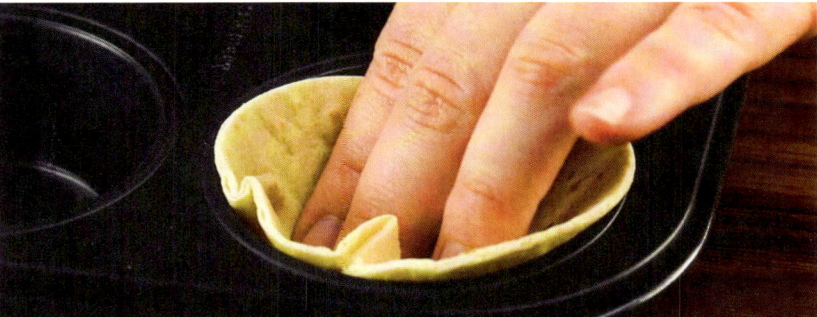

 La recette en vidéo: www.bonap.fr/bouchees-de-tortillas/

LASAGNES DE POMMES DE TERRE HASSELBACK

Ingrédients:

POUR LES POMMES DE TERRE

6 grosses pommes de terre

2 c. à c. d'huile

Sel

POUR LA SAUCE

Mozzarella en tranches

400 g de viande hachée

1 oignon, coupé en dés

2 gousses d'ail

2 c. à s. de concentré de tomate

250 ml de bouillon

1 pincée de sel

1 pincée de poivre

250 ml de sauce béchamel

POUR LA GARNITURE

6 tranches de mozzarella

— • —

Préparation	env. 40 min
Cuisson	env. 15 min
Au four	180 °C - 60 min + 30 min
Portions	6

Aux fourneaux !

1. Faites des entailles dans les pommes de terre à 5 mm d'intervalle.

   Astuce: déposez deux cuillères en bois de chaque côté de la pomme de terre pour vous aider et ne pas la couper entièrement.

2. Placez les pommes de terre dans un plat en fonte et badigeonnez-les avec l'huile. Saupoudrez de sel et enfournez le tout à 180 °C pendant une heure, à chaleur tournante.

3. Laissez les pommes de terre refroidir puis placez les tranches de fromage dans toutes les entailles.

4. Préparez la sauce en faisant revenir l'oignon, l'ail et la viande hachée puis ajoutez le concentré de tomate et le bouillon. Laissez mijoter jusqu'à ce que le mélange soit légèrement liquide et saupoudrez de sel et de poivre.

5. Déposez la sauce sur les pommes de terre puis versez la béchamel uniformément dans le plat. Déposez ensuite les 6 tranches de mozzarella sur le dessus.

6. Enfournez le tout à 180 °C pendant 30 minutes à chaleur tournante puis servez.

 La recette en vidéo: www.bonap.fr/lasagnes-pdt/

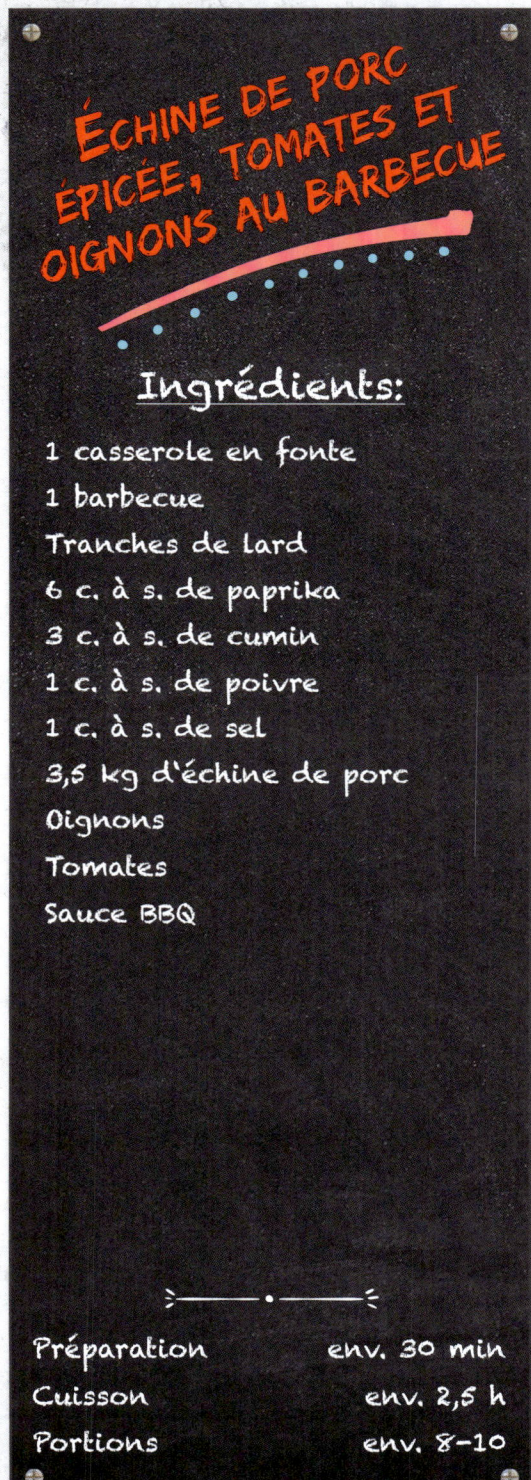

ÉCHINE DE PORC ÉPICÉE, TOMATES ET OIGNONS AU BARBECUE

Ingrédients:

1 casserole en fonte
1 barbecue
Tranches de lard
6 c. à s. de paprika
3 c. à s. de cumin
1 c. à s. de poivre
1 c. à s. de sel
3,5 kg d'échine de porc
Oignons
Tomates
Sauce BBQ

Préparation	env. 30 min
Cuisson	env. 2,5 h
Portions	env. 8-10

Aux fourneaux !

1. Répartissez les tranches de lard sur le fond et les parois intérieures de la casserole.

2. Dans un plat, versez le paprika, le cumin, le sel et le poivre et mélangez à l'aide d'une cuillère jusqu'à obtenir un mélange d'épices. Coupez ensuite les oignons et les tomates en tranches légèrement plus épaisses. Le nombre d'oignons et de tomates dont vous avez besoin dépend de la taille de votre casserole.

3. Trempez ensuite les tranches d'échine de porc les unes après les autres dans le mélange d'épices.

4. Tenez la casserole légèrement inclinée et superposez alternativement la viande, les oignons et les tomates les uns sur les autres.

5. Étalez ensuite la sauce BBQ par-dessus.

6. Maintenant, il commence à faire chaud : lorsque le charbon de votre gril est vraiment rougeoyant, vous pouvez placer la casserole directement par-dessus. Mais n'oubliez pas de mettre le couvercle. Laissez mijoter pendant 2 h 30. Faites attention de ne pas vous brûlez les doigts au moment de la retirer du feu.

 La recette en vidéo: www.bonap.fr/echine-porc-bbq/

CHOU-FLEUR SUR DÔME DE BŒUF AU CŒUR FONDANT DE BABYBEL

Ingrédients:

500 g de viande hachée
5 Babybel
1/2 chou-fleur
1 c. à c. de curry
1 c. à c. de paprika
1 c. à c. de cumin
1 c. à c. de gousse d'ail
1 c. à c. de moutarde
1 c. à c. de ketchup
Sel
Poivre

POUR LA SAUCE BÉCHAMEL

20 g de farine
20 g de beurre
1 feuille de laurier
2 grains de poivre
200 ml de lait
Muscade
Piment de Cayenne
Sel
Poivre

ET AUSSI

1 c. à s. de persil
1 c. à s. d'huile d'olive

Préparation	env. 30 min
Cuisson au four	160 °C - 25 min
Cuisson	env. 10 min
Portions	env. 4

Aux fourneaux !

1. Assaisonnez la viande avec l'ensemble des ingrédients de la préparation, mélangez bien puis étalez-en la moitié sur la plaque de cuisson.

2. Mettez les 5 Babybel sur la viande puis recouvrez le tout du reste de viande pour avoir une grosse boule.

3. Décorez la viande avec les fleurons de chou-fleur (plantez-les comme pour reproduire une forêt) puis enfournez le tout à 160 °C pendant 25 minutes.

4. Préparez la sauce béchamel en faisant fondre le beurre dans une casserole, en ajoutant de la farine et en mélangeant soigneusement. Versez le lait, la muscade, la feuille de laurier, le piment de Cayenne et une pincée de sel et de poivre. Laissez bouillir la sauce jusqu'à ce que la farine soit complètement dissoute et que la sauce ait une consistance épaisse.

5. Avant de verser la sauce béchamel sur la viande hachée, hachez les feuilles de persil, mélangez-les avec l'huile d'olive et versez le tout sur le chou-fleur. Coupez la viande en deux pour laisser échapper le cœur fondant de Babybel.

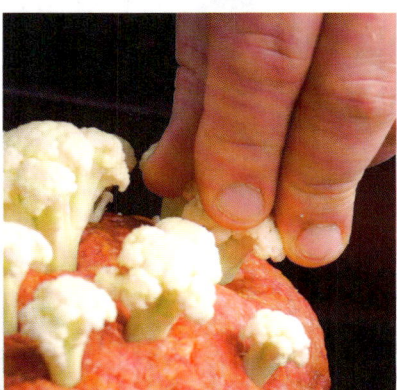

La recette en vidéo: www.bonap.fr/chou-fleur-viande-babybel/

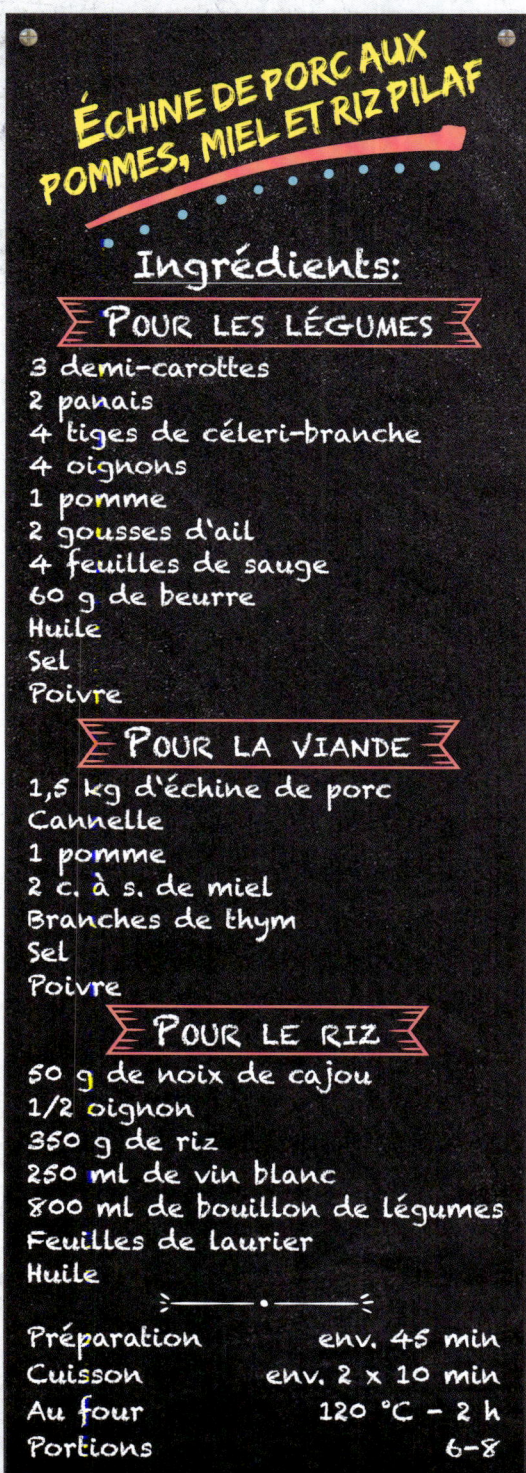

ÉCHINE DE PORC AUX POMMES, MIEL ET RIZ PILAF

Ingrédients:

POUR LES LÉGUMES

3 demi-carottes
2 panais
4 tiges de céleri-branche
4 oignons
1 pomme
2 gousses d'ail
4 feuilles de sauge
60 g de beurre
Huile
Sel
Poivre

POUR LA VIANDE

1,5 kg d'échine de porc
Cannelle
1 pomme
2 c. à s. de miel
Branches de thym
Sel
Poivre

POUR LE RIZ

50 g de noix de cajou
1/2 oignon
350 g de riz
250 ml de vin blanc
800 ml de bouillon de légumes
Feuilles de laurier
Huile

Préparation	env. 45 min
Cuisson	env. 2 x 10 min
Au four	120 °C - 2 h
Portions	6-8

Aux fourneaux !

1. Coupez les carottes, les panais, les branches de céleri, les oignons et la pomme en morceaux. Versez beaucoup d'huile dans un plat, ajoutez les légumes et faites-les sauter sur le feu. Assaisonnez avec l'ail, le sel et le poivre, les feuilles de sauge puis terminez en ajoutant le beurre.

2. Pour la viande : saupoudrez une planche à découper de sel, de poivre et de cannelle puis roulez l'échine de porc dedans et frottez-la bien pour faire pénétrer les épices. Faites ensuite huit entailles en diagonales d'environ 5 cm de longueur sur le dessus de l'échine.

3. Retirez le trognon de la seconde pomme et coupez-la en quartiers. Mettez chaque morceau dans les entailles de la viande. Déposez l'échine de porc sur le lit de légumes dans un plat allant au four et saupoudrez de miel et de thym. Enfournez le tout à 120 °C pendant 2 heures, à chaleur tournante.

4. Pour le riz, faites revenir les noix de cajou dans l'huile avant d'ajouter l'oignon et de laisser un peu suer à couvert. Versez ensuite le riz, déglacez avec le vin et le bouillon et ajoutez les feuilles de laurier. Laissez mijoter en remuant de temps en temps jusqu'à ce que le riz soit cuit et le bouillon réduit.

 La recette en vidéo: www.bonap.fr/porc-aux-pommes/

Couronne Wellington

Ingrédients:

- 250 g de champignons de Paris
- 150 g de jambon blanc
- 1 oignon
- 1 poignée de persil
- 1 pincée de muscade
- 2 pâtes feuilletées
- 2 filets de bœuf
- 10 tranches de fromage
- 1 jaune d'œuf
- Huile
- Sel
- Poivre

Préparation   env. 30 min

Cuisson
env. 10 min pour la garniture
env. 10 min pour la viande
Au four (convection) 185 °C - 45 min

Portions   8-10

Aux fourneaux !

1. Coupez les champignons, le jambon, l'oignon et le persil en petits morceaux. Mettez le tout dans un grand saladier.

2. Faites revenir le tout dans une poêle puis assaisonnez de sel, de poivre et de muscade. Retirez du feu et laissez refroidir.

3. Étalez une pâte feuilletée sur le plan de travail et formez un cercle au milieu avec le mélange aux champignons.

4. Faites cuire les filets et assaisonnez-les de sel et de poivre puis disposez-les en rond par-dessus le mélange aux champignons. Déposez les tranches de fromage sur les filets de viande. Étalez du jaune d'œuf autour de la viande et au milieu du cercle.

5. Déposez ensuite l'autre pâte feuilletée par-dessus. Avec un verre, appuyez au centre du cercle pour en retirer la pâte. Coupez ensuite la pâte à l'extérieur de l'anneau en laissant 1 à 2 cm de bords. Avec une fourchette, appuyez sur les bords pour bien les sceller. Enduisez le tout de jaune d'œuf.

6. Enfournez le tout à 185 °C pendant 45 minutes.

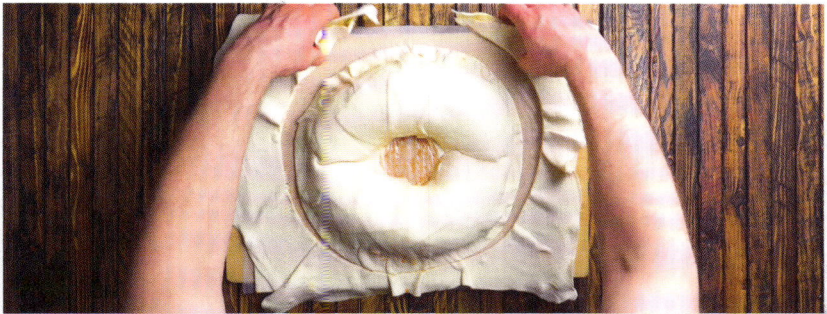

 La recette en vidéo: www.bonap.fr/wellington-revisite/

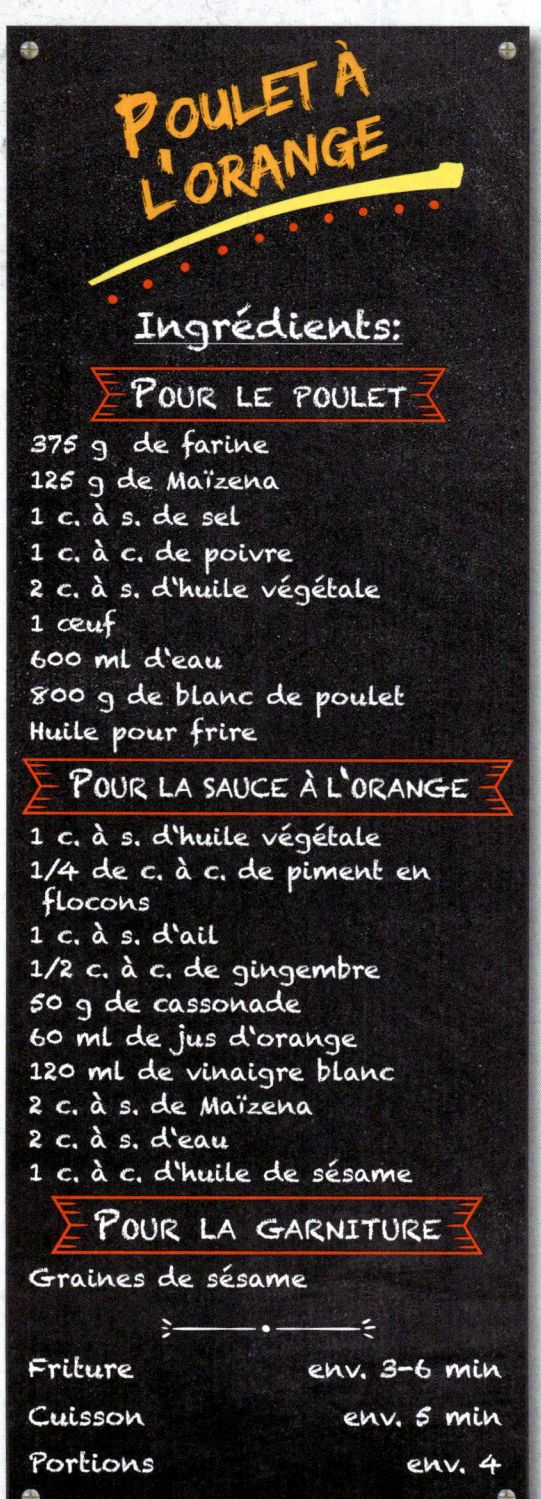

POULET À L'ORANGE

Ingrédients:

POUR LE POULET

375 g de farine
125 g de Maïzena
1 c. à s. de sel
1 c. à c. de poivre
2 c. à s. d'huile végétale
1 œuf
600 ml d'eau
800 g de blanc de poulet
Huile pour frire

POUR LA SAUCE À L'ORANGE

1 c. à s. d'huile végétale
1/4 de c. à c. de piment en flocons
1 c. à s. d'ail
1/2 c. à c. de gingembre
50 g de cassonade
60 ml de jus d'orange
120 ml de vinaigre blanc
2 c. à s. de Maïzena
2 c. à s. d'eau
1 c. à c. d'huile de sésame

POUR LA GARNITURE

Graines de sésame

Friture	env. 3-6 min
Cuisson	env. 5 min
Portions	env. 4

Aux fourneaux !

1. Mettez la farine, la Maïzena, le sel, le poivre, l'huile végétale, l'œuf et l'eau dans un saladier et mélangez les ingrédients avec un fouet.

2. Trempez les morceaux de poulet dans la pâte liquide.

3. Faites chauffer de l'huile de friture dans une grande casserole. Attendez que l'huile soit vraiment chaude et versez-y les morceaux de poulet. Faites frire de 3 à 6 minutes.

4. Lorsque la pâte est suffisamment croustillante, retirez les morceaux de poulet et placez-les sur du papier absorbant. Retirez la casserole du feu et laissez refroidir l'huile.

5. Faire revenir le piment, l'ail et le gingembre avec l'huile végétale dans une poêle. Ajoutez la cassonade et remuez constamment, jusqu'à faire caraméliser le tout. Ajoutez ensuite le jus d'orange et le vinaigre blanc.

6. Mettez 2 c. à s. de Maïzena et 2 c. à s. d'eau dans un petit ramequin et mélangez bien. Versez ensuite le liquide dans les autres ingrédients de la casserole. Mélangez le tout.

7. Enfin, il suffit d'ajouter une cuillère à café d'huile de sésame dans les morceaux de poulet panés et de les faire frire dans la sauce à l'orange pendant un court instant jusqu'à ce qu'ils soient dorés.

8. Le mieux pour accompagner ce plat est le riz basmati. Saupoudrez le tout de graines de sésame et dégustez !

 La recette en vidéo: www.bonap.fr/poulet-a-lorange/

SANDWICH DE SPAGHETTIS À LA VIANDE

Ingrédients:

300 ml de sauce tomate

250 g de mozzarella

POUR LES BOULETTES DE VIANDE

750 g de viande hachée

1 c. à. s. de paprika

2 c. à. s. de marjolaine

1 gousse d'ail émincée

1 c. à. s. de moutarde

5 c. à. s. de chapelure

2 œufs

Sel

Poivre

POUR LES PÂTES

3 œufs

150 g de parmesan

500 g de spaghettis

— • —

Préparation	env. 40 min
Cuisson	env. 12-15 min
Au four	180 °C - 15 min
Portions	4

Aux fourneaux !

1. Pour préparer les boulettes, commencez par mélanger tous les ingrédients dans un saladier. Formez ensuite des petites boules que vous faites cuire de chaque côté à la poêle.

2. Ensuite, fouettez les 3 œufs et ajoutez-y le parmesan, avant de mélanger le tout avec les pâtes cuites.

3. Tapissez le fond d'un moule à charnière avec la moitié des spaghettis. Puis, disposez les boulettes de viande que vous recouvrez avec la sauce tomate et la mozzarella. Pour finir, ajoutez par-dessus le reste des pâtes.

4. Faites cuire le sandwich à 180 °C pendant 15 minutes à chaleur tournante. Vous n'avez plus qu'à le démouler et il est prêt à être dégusté.

 La recette en vidéo: www.bonap.fr/sandwich-spaghetti-viande/

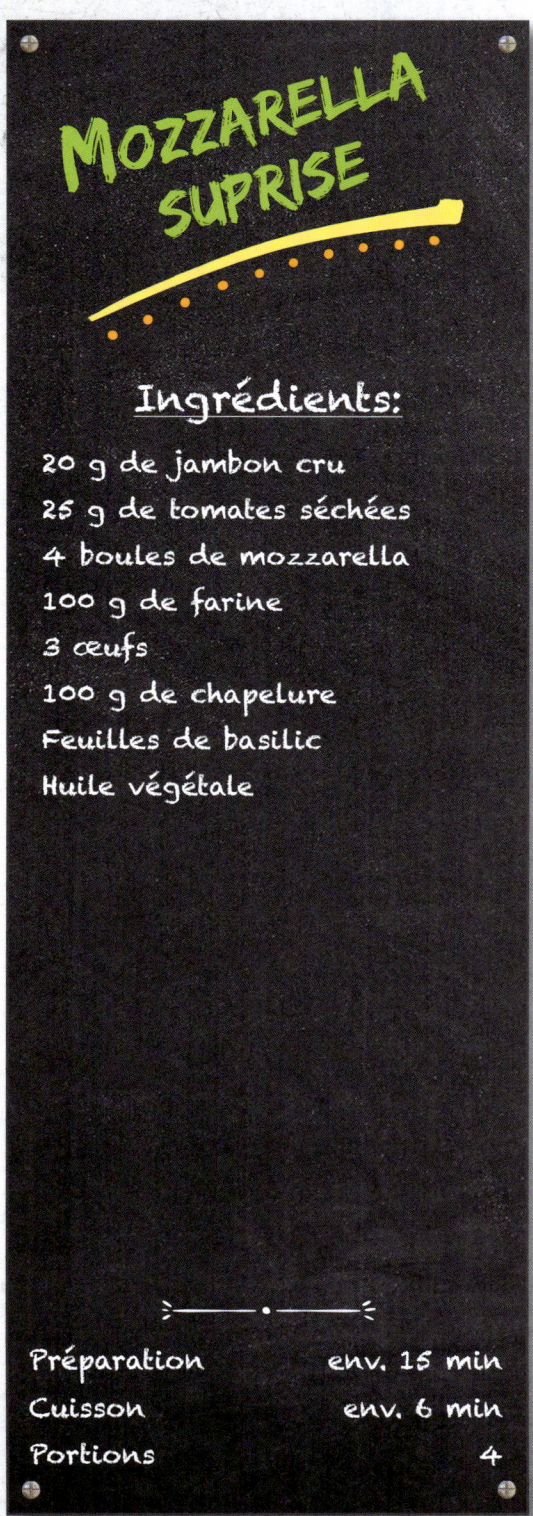

MOZZARELLA SUPRISE

Ingrédients:

20 g de jambon cru

25 g de tomates séchées

4 boules de mozzarella

100 g de farine

3 œufs

100 g de chapelure

Feuilles de basilic

Huile végétale

Préparation	env. 15 min
Cuisson	env. 6 min
Portions	4

Aux fourneaux !

1. Coupez la partie supérieure des boules de mozzarella pour former un « clapet » en faisant bien attention à ne pas couper complètement le chapeau. Laissez le « clapet » ouvert et enlevez la « chair » du fromage à l'aide d'une petite cuillère afin de faire un peu de place pour y mettre les ingrédients.

2. Ajoutez un peu de jambon, des tomates séchées en morceaux et du basilic puis refermez le « clapet ».

3. Roulez ensuite chacune des boules d'abord dans de la farine, puis dans les œufs (battus au préalable, et dans la chapelure.

4. Faites frire chaque boule dans de l'huile végétale pendant six minutes environ.

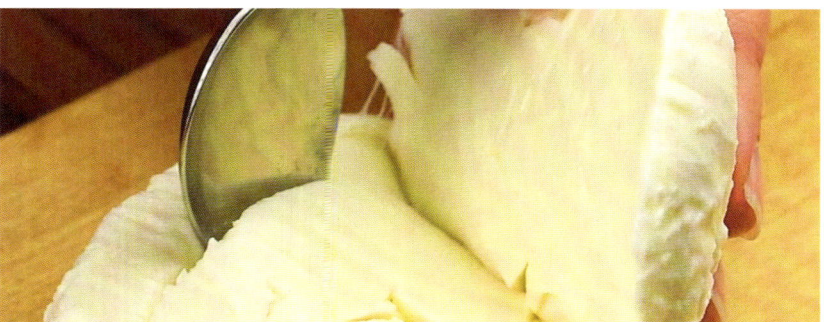

 La recette en vidéo: www.bonap.fr/mozarella-surprise/

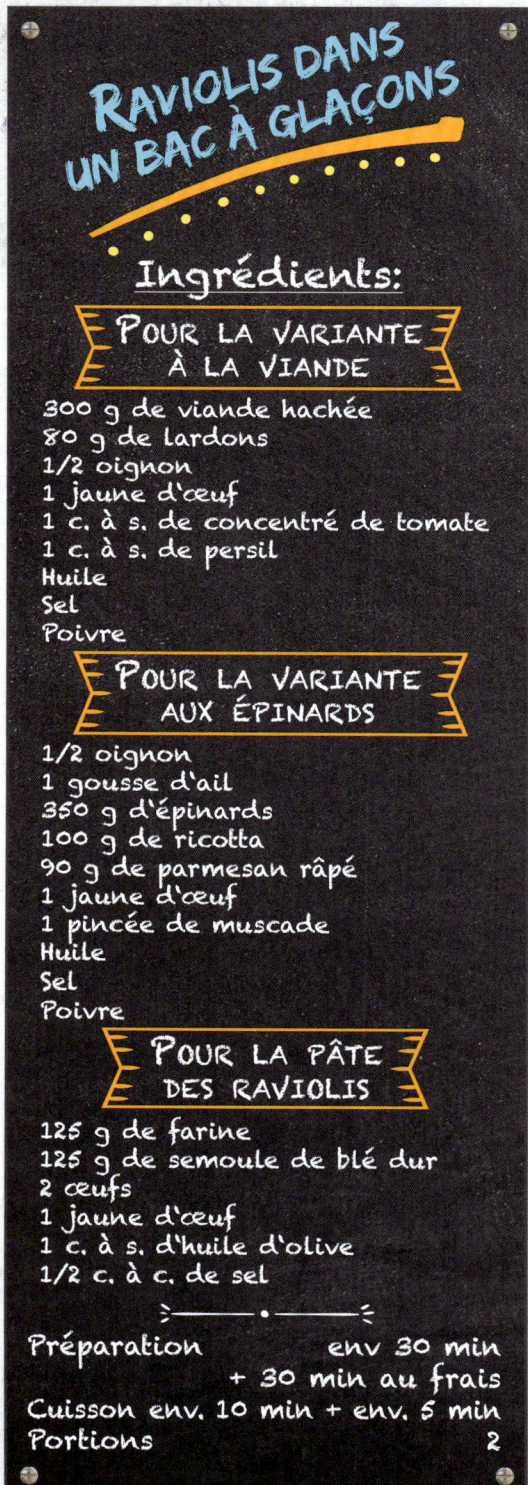

RAVIOLIS DANS UN BAC À GLAÇONS

Ingrédients:

POUR LA VARIANTE À LA VIANDE

300 g de viande hachée
80 g de lardons
1/2 oignon
1 jaune d'œuf
1 c. à s. de concentré de tomate
1 c. à s. de persil
Huile
Sel
Poivre

POUR LA VARIANTE AUX ÉPINARDS

1/2 oignon
1 gousse d'ail
350 g d'épinards
100 g de ricotta
90 g de parmesan râpé
1 jaune d'œuf
1 pincée de muscade
Huile
Sel
Poivre

POUR LA PÂTE DES RAVIOLIS

125 g de farine
125 g de semoule de blé dur
2 œufs
1 jaune d'œuf
1 c. à s. d'huile d'olive
1/2 c. à c. de sel

Préparation   env 30 min
                   + 30 min au frais
Cuisson env. 10 min + env. 5 min
Portions   2

Aux fourneaux !

1. Pour la variante à la viande, commencez par faire revenir la viande hachée avec les lardons et les oignons. Une fois le tout cuit, versez dans un saladier et ajoutez le reste des ingrédients avant de bien remuer.

2. Pour la variante aux épinards, faites revenir l'ail et l'oignon puis ajoutez les épinards. Versez le tout dans un saladier et ajoutez le reste des ingrédients avant de bien mélanger.

3. Préparez une pâte avec l'ensemble des ingrédients prévus à cet effet. Formez une boule que vous coupez en deux.

4. Étalez les deux morceaux de pâte (longueur du bac à glaçons) puis déposez l'un d'entre eux sur le bac. Appuyez légèrement dans les trous avec vos doigts pour former des creux dans la pâte, sans la percer.

5. Remplissez la moitié des creux avec la mixture à la viande et l'autre moitié avec celle aux épinards. Passez de l'œuf sur les bandes de pâte puis déposez le second morceau de pâte dessus. Faites rouler votre rouleau à pâtisserie par-dessus de façon à bien sceller le tout et coupez les excès de pâte avec un couteau. Mettez le tout au frais pendant 30 minutes.

6. Déposez la pâte garnie sur le plan de travail, séparez chacun des raviolis avec une roulette à pizza puis faites-les cuire dans de l'eau bouillante et salée avant de les servir avec une sauce tomate.

 La recette en vidéo: www.bonap.fr/raviolis-maison/

GRATIN DE BOULETTES DE VIANDE ET MOZZARELLA

Ingrédients:

POUR LES BOULETTES DE VIANDE

450 g de viande hachée
80 g de pain
1/2 c. à c. d'origan
2 c. à s. d'oignon
1 œuf
1 gousse d'ail
1 boule de mozzarella
Huile
Sel
Poivre

ET AUSSI

500 ml de sauce tomate
3 c. à s. de beurre mou
1/2 c. à c. de sel
1/2 c. à c. de persil
1 c. à c. d'ail
6 morceaux de pain
Env. 100 g de fromage râpé

Préparation	env. 30 min
Cuisson	env. 10 min
Au four	170 °C - 20 min
Portions	env. 4

Aux fourneaux !

1. Mettez la viande hachée, le pain, l'origan, l'oignon, l'œuf, l'ail, le sel et le poivre dans un grand saladier et pétrissez soigneusement avec les mains.

2. Prenez une portion du mélange de viande hachée dans votre main et formez une sorte de galette. Placez ensuite un morceau de mozzarella au centre, entourez-le avec la viande et formez une boule. Répétez l'opération jusqu'à ce que vous ayez 12 petites boulettes de viande farcies devant vous.

3. Faites frire les boulettes dans une bonne quantité d'huile puis ajoutez-y la sauce tomate. Laissez mijoter pendant 5 minutes et versez le tout dans un plat à gratin.

4. Mélangez maintenant le beurre avec le sel, le persil et l'ail. Étalez-le sur tous les morceaux de pain.

5. Déposez les morceaux de pain sur le bord du plat de façon à ce qu'ils s'enfoncent partiellement dans la sauce. Le côté beurre doit toujours être tourné vers l'intérieur.

6. Saupoudrez du fromage sur les boulettes de viande. Le plat est ensuite cuit pendant 20 minutes à 175 °C, à chaleur tournante.

 La recette en vidéo: www.bonap.fr/gratin-boulettes-de-viande/

Poulet Tandoori et Pain Bhatura

Ingrédients:

Pour le poulet tandoori

4 blancs de poulet
Jus d'1/2 citron
2 gousses d'ail
300 ml de yaourt nature
1 c. à c. de gingembre
1/2 c. à c. de curcuma
1/2 c. à c. de cumin
1/2 c. à c. de cannelle
1/2 c. à c. de piment
de Cayenne
1/2 c. à c. de coriandre
3 c. à c. de paprika fort
Sel

Pour le pain bhatura

250 g de farine
4 c. à s. de Maïzena
3 c. à s. de yaourt nature
2 c. à c. de levure sèche
1 c. à c. de sucre
2 c. à s. d'huile végétale
1 c. à c. de sel
Farine pour le plan de travail
Huile de palme

Préparation	env. 40 min
Cuisson au four	180 °C - 30 min
Friture	env. 2 min
Portions	4

Aux fourneaux !

1. Commencez par couper les blancs de poulet en tranches épaisses puis enduisez-les de sel et de citron.

2. Préparez la marinade en mélangeant l'ensemble des épices dans le yaourt. Mettez le poulet dans un plat allant au four puis mélangez-le à la marinade. Laissez le tout mariner pendant 4 heures et enfournez ensuite à 180 °C pendant 30 minutes.

3. Pour le pain bhatura, mélangez la farine, la Maïzena, le yaourt, la levure, le sucre, l'huile végétale et le sel dans un saladier et pétrissez la pâte. Couvrez le tout et laissez reposer.

4. Prenez un morceau de pâte de la taille d'un poing. Étalez-le sur une surface de travail farinée en lui donnant une forme circulaire et faites frire dans 210 °C d'huile de palme chaude jusqu'à ce qu'il soit doré. Obtenez un meilleur résultat en préparant le pain dans un wok et en enduisant continuellement le pain d'huile à l'aide d'une louche ou d'une écumoire.

Conseil: servez ce repas avec une délicieuse sauce au yaourt et à la menthe. Vous pouvez facilement la préparer vous-même en mélangeant 200 g de yaourt nature et 3 cuillères à soupe de menthe fraîche hachée.

 La recette en vidéo: www.bonap.fr/poulet-tandoori/

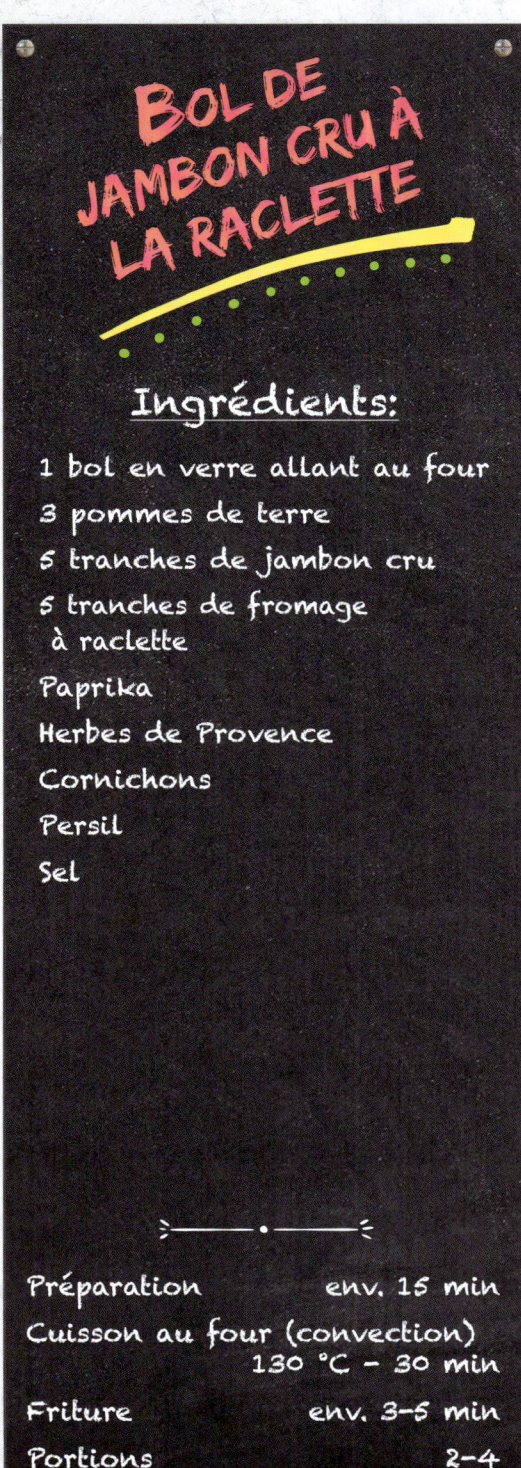

BOL DE JAMBON CRU À LA RACLETTE

Ingrédients:

1 bol en verre allant au four

3 pommes de terre

5 tranches de jambon cru

5 tranches de fromage à raclette

Paprika

Herbes de Provence

Cornichons

Persil

Sel

Préparation	env. 15 min
Cuisson au four (convection)	130 °C - 30 min
Friture	env. 3-5 min
Portions	2-4

Aux fourneaux !

1. Placez un bol en verre allant au four à l'envers sur le plan de travail et commencez par placer le jambon cru, tranche par tranche, tout autour de celui-ci. Couvrez le bol entier de tranches et pressez fermement.

2. Faites cuire le jambon cru au four à 130 °C pendant 30 minutes. Une fois la cuisson terminée, laissez refroidir complètement et retirez délicatement le jambon du verre. Vous avez maintenant un délicieux bol comestible !

3. Pendant que le jambon refroidit, portez l'huile à ébullition dans une grande casserole. Coupez les pommes de terre en deux avant de les couper en petits morceaux, dans le sens de la longueur. Déposez-les dans l'huile chaude pour les faire frire jusqu'à ce qu'elles soient bien croustillantes.

4. Selon vos goûts, assaisonnez les pommes de terre avec du sel, du paprika et du romarin, puis remplissez votre bol comestible (maintenant refroidi) avec.

5. Placez les tranches de fromage à raclette dans une poêle profonde et faites fondre le fromage. Pour que rien ne brûle, n'oubliez pas de remuer constamment et gardez un œil dessus.

6. Versez maintenant le fromage crémeux sur les morceaux de pommes de terre. Hachez les cornichons et le persil en petits morceaux et garnissez votre plat.

7. C'est l'heure du festin ! Vous pouvez aussi bien tremper un morceau de pomme de terre que de jambon dans le fromage. Ou même les deux à la fois !

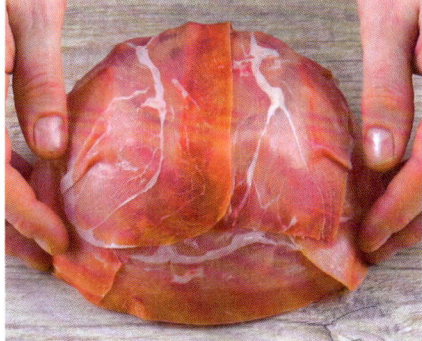

 La recette en vidéo: www.bonap.fr/raclette-frites-bol-bacon/

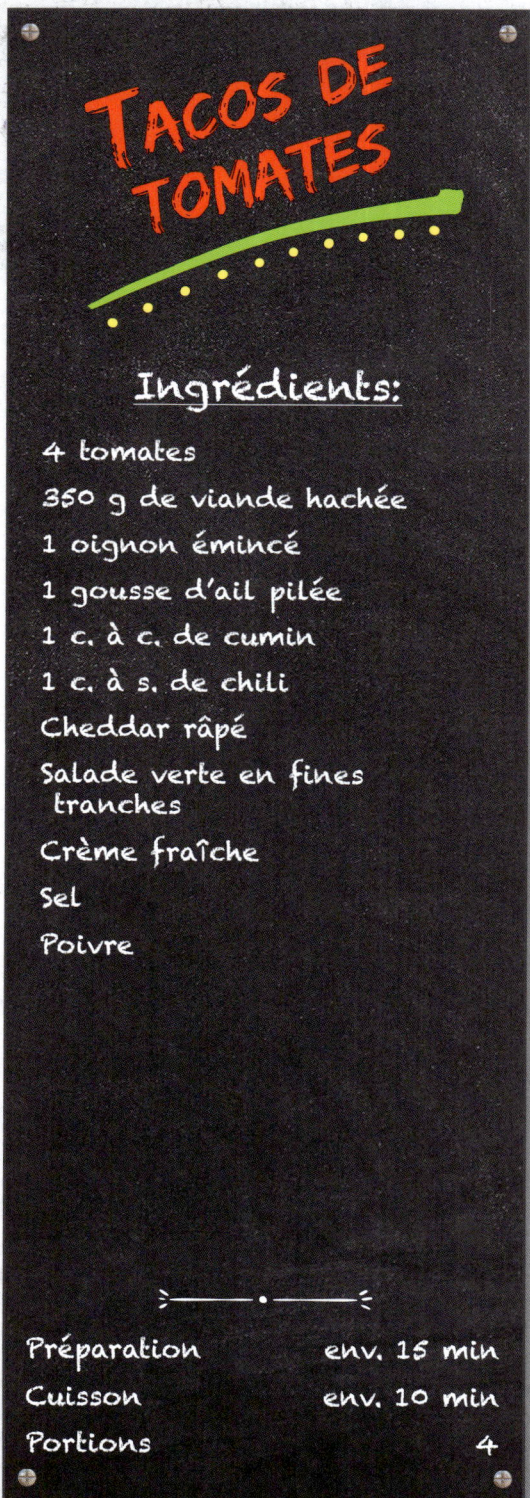

TACOS DE TOMATES

Ingrédients:

4 tomates

350 g de viande hachée

1 oignon émincé

1 gousse d'ail pilée

1 c. à c. de cumin

1 c. à s. de chili

Cheddar râpé

Salade verte en fines tranches

Crème fraîche

Sel

Poivre

Préparation	env. 15 min
Cuisson	env. 10 min
Portions	4

Aux fourneaux !

1. Faites cuir la viande dans une poêle avec l'oignon, l'ail et les épices. N'oubliez pas de saler et poivrer à votre convenance. Une fois que la viande est cuite selon vos préférences, retirez la poêle du feu.

2. Placez chaque tomate sur une planche, la tige vers le bas et faites 6 incisions pour avoir des quartiers. Attention, il ne faut pas découper jusqu'au bas : la tomate doit pouvoir rester en un seul morceau. La coupe doit être néanmoins suffisamment profonde pour accueillir tous les aliments.

3. Garnissez les tomates avec la viande hachée. Ajoutez le cheddar râpé et la salade par-dessus. Pour finir, décorez avec un peu de crème fraîche.

 La recette en vidéo: www.bonap.fr/tacos-tomates/

TOURTE AU POULET ALFREDO

Ingrédients:

- 300 g de blanc de poulet
- 150 g de pommes de terre cuites
- 150 g de brocolis
- 350 ml de crème liquide
- 100 g de parmesan râpé
- 100 g de fromage frais
- 1 gousse d'ail
- 50 g de beurre
- 10 tomates cerises
- Pâte feuilletée
- 1 œuf battu
- Huile de cuisson

Préparation	env. 25 min
Cuisson	env. 12-15 min
Au four	190 °C - 20 min
Portions	4-6

Aux fourneaux !

1. Faites revenir les blancs de poulet avec de l'huile dans une poêle en fonte puis ajoutez les morceaux de pommes de terre et de brocoli. Assaisonnez de sel et de poivre et laissez cuire.

2. Versez la crème, le parmesan, le fromage, le beurre, l'ail et laissez mijoter 10 minutes avant de mettre les tomates.

3. Retirez du feu et déposez la pâte feuilletée de façon à recouvrir l'ensemble de la poêle (sauf le manche, bien entendu). Badigeonnez d'œuf et enfournez le tout pendant 20 min à 190 °C.

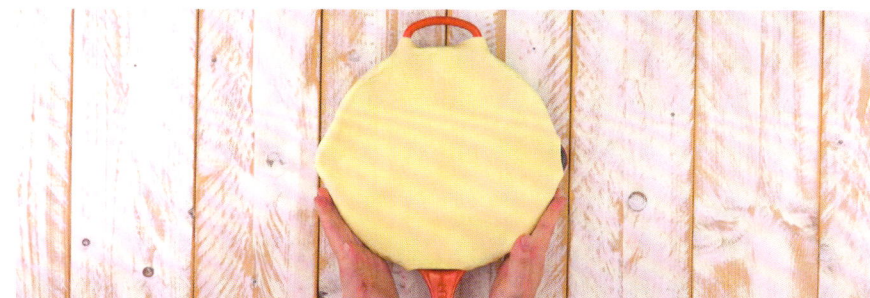

 La recette en vidéo: www.bonap.fr/tourte-poulet-alfredo/

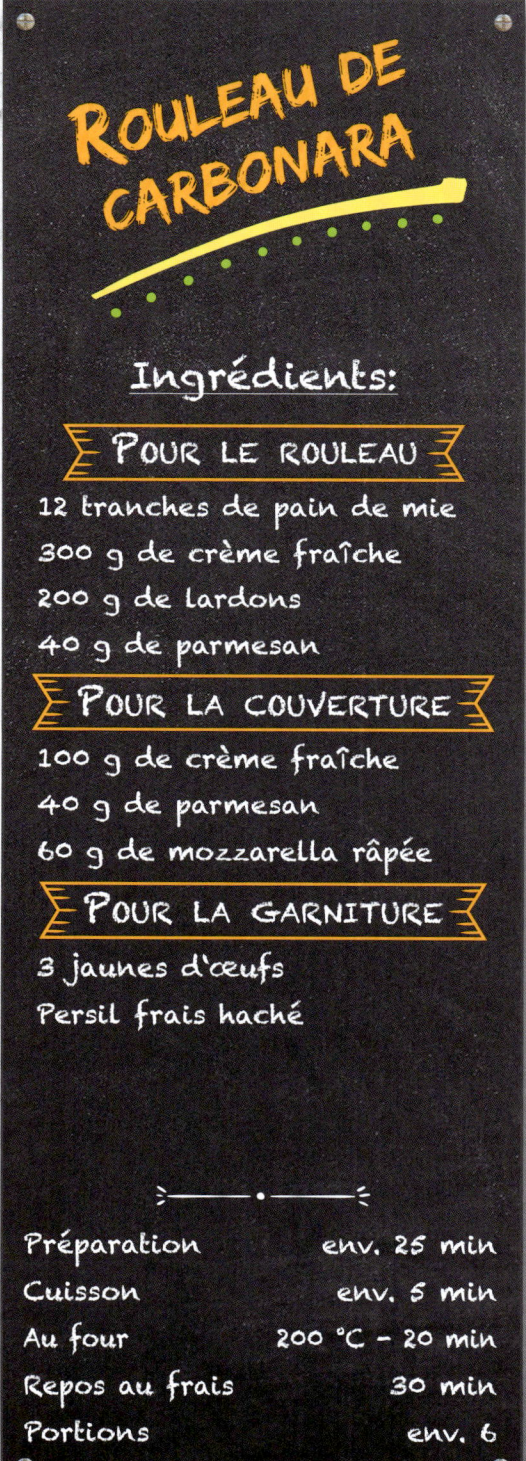

ROULEAU DE CARBONARA

Ingrédients:

POUR LE ROULEAU

12 tranches de pain de mie
300 g de crème fraîche
200 g de lardons
40 g de parmesan

POUR LA COUVERTURE

100 g de crème fraîche
40 g de parmesan
60 g de mozzarella râpée

POUR LA GARNITURE

3 jaunes d'œufs
Persil frais haché

Préparation	env. 25 min
Cuisson	env. 5 min
Au four	200 °C - 20 min
Repos au frais	30 min
Portions	env. 6

Aux fourneaux !

1. Retirez les croûtes des tranches de pain de mie et placez-les, se chevauchant, en trois rangées de quatre. Aplatissez bien le tout avec un rouleau à pâtisserie avant d'étaler de la crème fraîche de façon uniforme sur l'ensemble des tranches.

2. Faites revenir les lardons avant de les verser sur la crème fraîche puis saupoudrez le tout de parmesan.

3. Enroulez les tranches de façon à former un rouleau que vous mettez ensuite dans du film alimentaire pour bien maintenir le tout en place. Placez le rouleau au frais pendant 30 minutes.

4. Retirez le film alimentaire et coupez les deux extrémités du rouleau. Enduisez le tout de crème fraîche puis passez les dents d'une fourchette dessus pour dessiner des lignes. Saupoudrez à nouveau de parmesan puis de mozzarella et enfournez pendant 20 minutes à 200 °C.

5. Sortez le plat du four et placez les jaunes d'œufs (toujours dans une moitié de leur coquille) sur le rouleau et enfournez à nouveau à 200 °C pendant 5 minutes. Après la cuisson, retirez les jaunes d'œufs de leur coquille, replacez-les sur le rouleau et terminez en saupoudrant de persil.

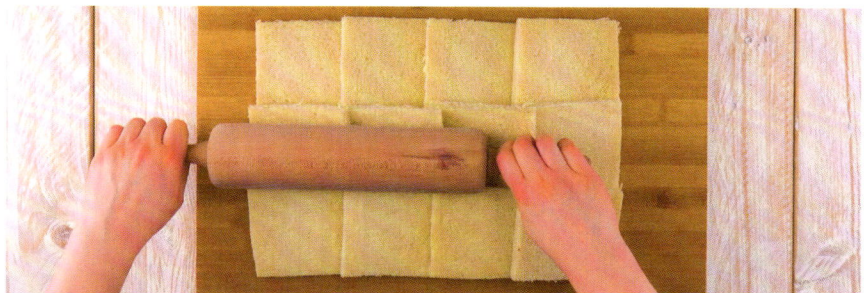

 La recette en vidéo: www.bonap.fr/rouleau-de-carbonara/

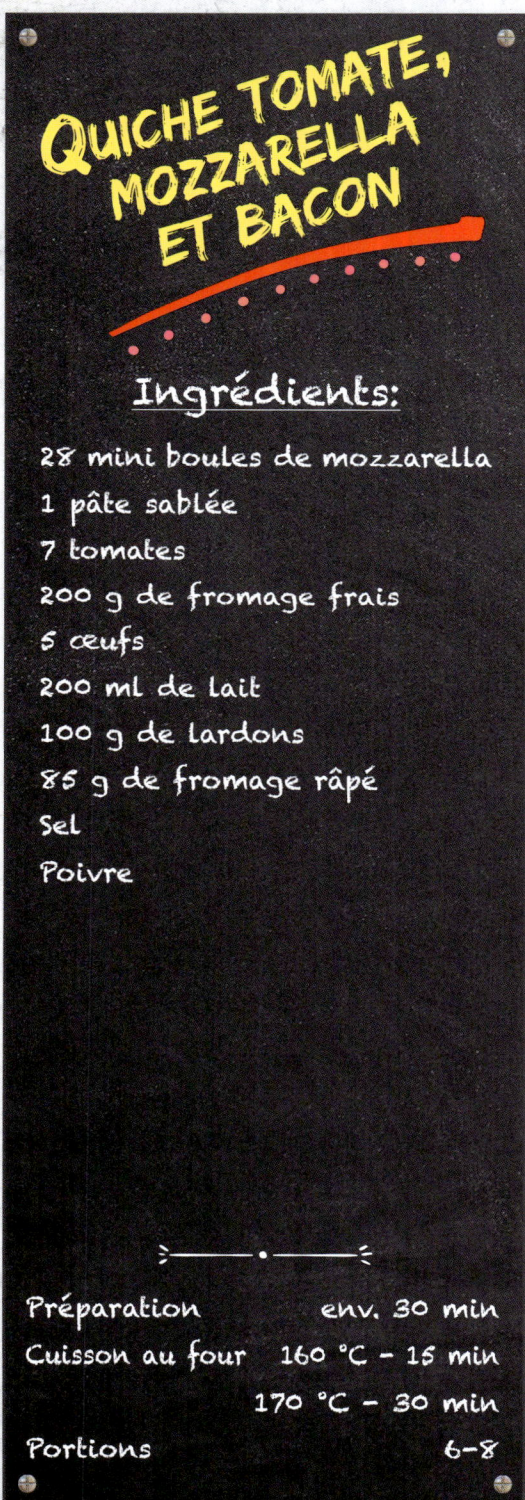

Quiche tomate, mozzarella et bacon

Ingrédients:

28 mini boules de mozzarella

1 pâte sablée

7 tomates

200 g de fromage frais

5 œufs

200 ml de lait

100 g de lardons

85 g de fromage râpé

Sel

Poivre

Préparation   env. 30 min

Cuisson au four   160 °C - 15 min

                         170 °C - 30 min

Portions   6-8

Aux fourneaux !

1. Coupez d'abord le haut des tomates et évidez-les à l'aide d'une cuillère.

2. Mélangez le fromage frais avec les œufs, le lait, les lardons et le fromage et assaisonnez avec du sel et du poivre.

3. Étalez la pâte dans un plat à quiche (diamètre : 32 cm) et piquez-la plusieurs fois à la fourchette. Enfournez 15 minutes à 160 °C, à chaleur tournante.

Conseil: bien sûr, vous pouvez également préparer vous-même la pâte brisée : pétrissez 250 g de farine avec 150 g de beurre froid coupé en morceaux, une pincée de sel et un œuf. Façonnez la pâte en boule et mettez-la dans une feuille d'aluminium enveloppée à froid pendant 30 minutes avant de l'étaler.

4. Étalez les tomates évidées sur la pâte brisée et ajoutez 4 mini boules de mozzarella dans chaque tomate. Remplissez le plat à quiche avec le mélange de fromage frais. Remettez le tout au four pendant 30 minutes à 170 °C, à chaleur tournante.

La recette en vidéo: www.bonap.fr/tarte-tomate-mozza/

L'ÉQUIPE BON AP' qui rend tout ça possible:

Joana
Direction de la production

Marco
Direction de la production

Patrick
Direction de la production

Josch
Direction de la production

Quan
Caméra/Montage

Sven
Caméra/Montage

Niklas
Caméra/Montage

Ju
Caméra/Montage

Olli
Caméra/Montage

Michi
Caméra/Montage

Nico
Caméra/Montage

Juliana
Création des recettes

Gregor
Chef

Cristina
Chef

Olli
Chef

Hannes
Chef

Steven
Montage

Julia
Montage

Maria
Rédaction

Lara
Conception et Mise en page

www.bonap.fr
facebook.com/bonapfrance
instagram.com/bonap.fr
pinterest.fr/bonapfr
youtube.com/c/bonapfrance

Copyright © Media Partisans GmbH 2022
Media Partisans GmbH
Berliner Str. 89
14467 Potsdam Germany
ISBN: 978-3-9821688-8-3

Printed in Germany by
Westermann Druck Zwickau GmbH

Chargé du Projet Livre
Paul McCormick

Mise en page
Kosuke Nishimoto

Assistant de rédaction
Ina Bauseneik

Texte et édition
Sarah Barrault

Traduction
Sarah Barrault
Astrid Ribois
Aurore Gautherin
Florent Wira